제인 구달 아줌마네 동물 공원

작가의 말

동물과 친구가 되는 게
동물 행동학의 시작이에요

어렸을 때 암탉에게 이름을 붙여 준 적이 있습니다. 바로 '탁이'였죠. 늦도록 알을 낳지 못한다고 할머니가 심하게 구박했는데, 그때마다 움찔 떨었던 암탉이 짠했습니다. 암탉에게 이름을 붙여 준 순간 우린 친구가 됐습니다.

어느 날 탁이가 대나무 숲에서 나오면서 요란하게 우는 게 아니겠어요? 뿐만 아니라 먹이 활동도 다른 날보다 더 왕성했습니다. 그런 행동은 며칠간 계속됐어요. 얼마 뒤 닭장에서 알을 낳은 암탉들이 탁이와 똑같은 행동을 하고 있는 것을 발견했어요.

"탁이가 알을 낳고 있는 게 분명해!"

나는 탁이 몰래 대나무 숲을 뒤지다가 입이 떡 벌어졌습니다. 세상에, 하얀 버섯 모둠 같은 열일곱 개의 알 무더기를 발견했기 때문이죠. 그 뒤 올망졸망한 병아리들을 이끌고 마당에 나타난 탁이의 모습은 지금도 눈앞에 펼쳐진 듯 선명하답니다.

동물 행동학자인 제인 구달의 이야기를 쓰면서 나도 몰래 미소를 벙긋 지었답니다. 어렸을 적 나도 제인 구달처럼 동물의 행동을 연

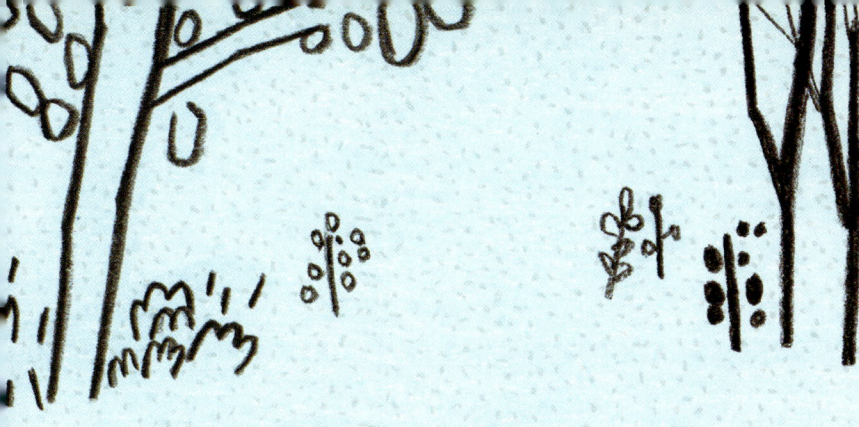

구하고 관찰했던 동물 행동학자나 다름없었기 때문입니다. 가만 생각해 보니 암탉만은 아니었고, 고양이나 돼지 그리고 거위와 암소 같은 눈에 띄는 동물들은 모조리 관찰했던 것 같습니다. 반드시 동물들에 걸맞은 이름을 붙여 주고 친구 관계를 맺었고요.

　동물들과 친구가 된다는 것은 어떤 의미가 있을까요? 바로 제인 구달이 아프리카 곰베에서 침팬지와 살면서 깨달았던 '동물들도 사람과 동등한 인격체로 인정하고 공존하겠다는 생명 사랑'을 의미합니다.

　《제인 구달 아줌마네 동물 공원》에는 사람들로부터 버림받은 들개들이 등장합니다. 들개들은 버림받는 것도 모자라 유해 동물로 몰려 포획이나 죽임을 당할 위기에 처하게 됩니다. 아프리카 곰베에서 사람들에게 생명을 빼앗겼던 침팬지나 다름없었죠. 곰베에 침팬지들의 생명을 지키고 돌보는 제인 구달이 있었다면, 오룡산에는 들개들의 목숨을 보호해 주고 사랑해 주는 '동사모 삼총사'가 있습니다. 그리고 동사모 삼총사를 도와주는 멘토로 제인 아줌마가 등장하는데요. 외국인이면서도 한국말을 유창하게 하고 랩도 곧잘 부르는 제인 아줌마의 정체가 무엇인지 이야기를 끝까지 읽어 보면 알 수 있답니다!

2020년 3월 김해등

차례

작가의 말
동물과 친구가 되는 게 동물 행동학의 시작이에요   4

동사모 삼총사 결정되다
• 생명에 대한 사랑이 동물 행동학의 시작이다 •   8

들개들이 아파트 값을 떨어뜨린다고?
• 인간의 이기심과 폭력성이 동물을 멸종시킨다 •   32

비자나무 숲 용소의 비밀
• 동물과 소통하는 데 최고의 무기는 인내심이다 •   52

이름을 지어 주는 게 어때?
• 동물도 인간처럼 각각의 성품이 있다 •   72

바위 틈새에 빠진 족발
• 침팬지는 인간처럼 도구를 사용할 수 있다 •   86

 **외눈박이 클럽**
• 동물도 문제를 논리적으로 이성적으로 이해하고 해결할 수 있다 • 104

 **마른하늘의 날벼락**
• 동물도 혈육이 아닌 동물을 입양해 기운다 • 118

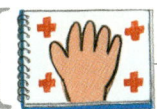 **함부로 죽일 권한이 있나요?**
• 인간도 동물 사회의 일원이다 • 132

 **옹구 클럽 숲속 이야기**
• 제인 구달 연구소는 동물이 인간과 동등하게 살아갈 수 있는 희망이 됐다 • 146

침팬지를 연구하고 사랑한 제인 구달은 어떤 사람일까? 166
독후활동지 178

동사모 삼총사 결성되다
• 생명에 대한 사랑이 동물 행동학의 시작이다 •

"대도서관 같은 크리에이터가 되고 싶습니다!"

민서가 장래 희망을 발표했다. 친구들이 약속이라도 한 듯 한꺼번에 "우~!" 하고 소리쳤다. 요즘 민서가 유튜브에 '먹방 동영상'을 올리고 있다는 것을 알고 있기 때문이다. 어른들을 흉내 내는 게 어설퍼서 몇몇만 시청하고 있지만 말이다.

선생님이 코끝에 걸친 안경을 위로 밀어 올리며 물었다.

"대도서관?"

"네! 요즘 제일 잘 나가는 크리에이터입니다."

민서가 잔뜩 으스대며 대답했다.

"요즘 큰 도서관들은 그런 것도 하냐?"

"와하하하!"

교실이 날아갈 듯 웃음보가 터져 버렸다. 책상을 두드리며 자지러지는 애들도 있었고, 짝꿍 어깨를 세게 치며 웃는 애들도 있었다. '대도서관'을 모르는 선생님 대신 민서가 멋쩍은 듯 얼굴을 붉혔다.

선생님은 나중에야 짐작하고는 버럭 소리를 질렀다.

"맨날 스마트폰만 들여다보더니…… 좀 제대로 된 장래 희망은 없냐?"

"……."

모두들 잠깐 입을 다물었다. 민서와 몇몇은 입을 이죽이며 선생님 눈치를 힐긋힐긋 봤다. 요즘 크리에이터가 얼마나 인기가 많고 또 얼마나 돈을 많이 버는지 선생님이 전혀 알지 못하는 것 같아서였다.

그렇다고 다 민서 같은 애들만 있는 것은 아니다. 인기가 높고 돈을 많이 버는 직업을 꿈꾸지 않는 애들도 있다. 바로 양동우다. 동우는 손을 번쩍 들고 외쳤다.

"선생님, 저요!"

"오, 그래. 우리 동우 발표해 봐."

선생님은 모범생한테는 꼭 '우리'라는 말을 이름 앞에 붙여 주었다. 동우는 벌떡 일어나 오랫동안 품고 있었던 장래 희망을 이야기했다.

"동물 행동학 박사가 되는 게 꿈입니다!"

"오, 바로 그거야! 우리 동우처럼 박사쯤은 돼야지."

선생님이 흐뭇한 미소를 지으며 고개를 끄덕였다. 그러자 이준모와 사유리가 슬그머니 손을 들었다. 선생님이 둘을 반갑게 맞았다.

"너희도 박사가 꿈이니?"

"아닌데요……."

준모가 기어들어 가는 목소리로 우물쭈물했다. 준모는 몸집이 왜소한 데다 워낙 내성적이어서 친구들이 '투명인간'이라 부르며 놀려 대곤 했다. 그런 준모가 어정쩡하게나마 손을 들었다는 것이 신기했다.

"그럼 뭐냐?"

"동물 병원 원장님 되는 거요······."

동우는 흠칫 놀랐다. 겉보기에 겁이 많아 보이는 준모가 동물을 치료하는 의사가 될 것 같은 생각이 전혀 들지 않았다. 동물 병원에 귀여운 반려동물만 오는 것은 절대 아니다. 사나운 개나 고라니와 오소리 같은 들짐승들도 치료해야 할 때가 많다. 동우는 아빠가 동물 병원을 운영하고 있기에 누구보다도 잘 알았다.

선생님이 막 입을 떼려던 참이었다.

"전 펫시터요!"

사유리가 선생님 질문을 가로채고 나섰다. 선생님의 질문이 이어질까 봐 걱정했던 준모는 가벼운 한숨을 내쉬며 슬쩍 자리에 앉았다. 선생님은 유리에게 눈길을 돌리며 되물었다.

"애완동물을 돌보는 직업이냐?"

"맞아요, 선생님. 그런데요, 애완동물이 아니라 반려동물이라고 해야 합니다."

"뭐? 그, 그렇지."

선생님은 애써 겸연쩍은 표정을 감추었다.

유리는 선생님이 시키지도 않았는데 벌떡 일어나 '펫시터'가 하는 일들을 비엔나소시지처럼 줄줄이 늘어놨다. 친척들이 외출하거나 여행할 때 자기한테 반려동물을 맡기고 가는데, 반려동물을 돌봐 주고 받는 수입이 제법 짭짤하다고 했다. 손바닥을 펴서 돈 세는 시늉까지 곁들였다. 하지만 아이들은 남자애보다도 덩치가 크고 목소리까지 우렁찬 유리가 동물들을 아기 다루듯 잘 돌볼 수 있을까 하는 의심이 들었다.

동우는 학교가 끝나기만을 기다렸다.

매주 수요일은 삼나무 숲에 있는 '곰베 동물 공원'에 가는 날이기 때문에 아침부터 설렜다. 삼나무 숲은 동우가 사는 스카이캐슬 아파트 뒤에 있는 오룡산 골짜기에 있다. 옛날부터 삼나무가 숲을 이뤄 우거진 곳이었다.

동우는 수업이 끝나기가 무섭게 가방을 들고 일어났다.

"양동이!"

동우를 양동이라고 부르는 애는 사유리밖에 없다. 동우는 귀찮아 죽겠다는 얼굴로 뒤를 돌아보며 "아, 참! 나 곰베 가야 해!"라고 외쳤다.

"어?"

유리 옆에 준모가 딱 붙어 있었다. 누구와 잘 어울리지 못한 준모가 오늘은 참 별일이었다. 유리가 준모 손목을 붙잡고 동우한테 가까이 다가왔다. 그러고는 동우와 준모를 어깨동무하며 대뜸 소리쳤다.

"우리, 삼총사 결성하는 것 어때?"

"삼총사?"

"동물을 사랑하는 모임을 만드는 거지. 장래 희망이 엇비슷하니까 싸울 일도 없잖아. 안 그래, 준모야?"

"응, 그…… 그래. 동사모!"

준모가 동우 눈치를 슬쩍 보며 대답했다. 유리가 깜짝 놀라는 얼굴로 준모 등을 가볍게 쳤다.

"어머, 기발하다 얘! 동물을 사랑하는 모임의 약자지?"

"응……. 그것 말고 다른 의미도 있어."

"뭔데?"

"우리 셋의 이름에서도 땄지."

동우는 준모 말을 듣고 저를 포함한 셋의 이름을 되뇌어 봤다.

'양동우, 사유리, 이준모. 내 이름의 동! 사유리 이름에 사! 준모 이름에 모?'

"와!"

동우와 유리는 그제야 동시에 입을 떡 벌리며 놀라워했다. 그러면서 준모를 위아래로 훑어보며 신기해 했다. 왠지 준모가 생각보다 기발하고 똑똑해 보였다. 준모는 쑥스러운 나머지 얼굴을 붉혔다. 동우는 몇 번이나 '동사모!'를 읊조려 봤다. 부를수록 가슴이 따뜻해지는 것 같아 기분이 좋았다.

유리가 불쑥 물었다.

"참! 동우 너 어디 간다고 안 했어? 곰…… 뭐?"

"아, 맞다! 나 곰베 동물 공원에 가야 해. 미안, 애들아."

동우는 가방을 메고 급히 밖으로 달려 나갔다.

"야! 이름도 희안한 그런 공원이 어디 있다고 그래?"

유리가 동우 뒤를 향해 소리를 질러 댔다. 동우는 뒤도 돌아보지 않고 손사래만 쳤다. 동우는 동물 행동학 박사가 꿈인 자신만이 알고 있는 동물 공원을 절대 공개하고 싶지 않았다. 그러면서도 얼떨결에 '동사모'를 결성한 탓에 조금 미안하기도 했다.

곰베 동물 공원는 학교에서 한 시간 남짓 걸어가야 한다. 곰베 동물 공원는 인간들이 동물들을 가둬 놓고 사육하는 동물원과는 달리 동물들이 주인인 자연 동물 공원이다. 동물들과 얘기하다 보면 시간가는 줄 모르기 때문에 서둘러야 했다. 그런 동우에게 아빠는 수요일만 되면 버릇처럼 말했다.

"신선놀음에 도끼 자루 썩는 줄도 모른다는 말 알지?"

아빠 말처럼 동우는 동물들과 놀다 보면 시간 가는 줄을 몰랐다. 밥 먹는 것도 깜박, 학원 가는 것도 깜박, 해가 지는 것도 지나치기 일쑤였다. 그런 동우를 밤늦게 찾아 나서는 일이 한두 번이 아니었던 아빠가 다짐처럼 하는 말이 바로 그 속담이었다.

동우는 발길을 재촉했다. 즐비하게 늘어선 식당들을 지나고 허름한 창고 건물 뒤부터는 숲길이 시작된다. 동우는 산자락 흙길을 따라 삼나무 숲이 있는 골짜기로 들어섰다. 유월이 막 시작돼서인지 한여름처럼 땀이 치솟았다. 반팔 옷깃을 쭉 잡아당겨 이마의 땀을 죽죽 닦아 냈다.

"껑껑!"

곰베 터줏대감인 껑껑이가 짖어 대며 달려왔다.

"껑껑아!"

동우도 늙은 개 껑껑이를 향해 달려갔다. 커다란 껑껑이가 동우 가슴에 발을 올리며 혀를 내둘렀다. 그 바람에 동우 머리가 침범벅이 돼 버렸다. 동우는 아랑곳하지 않고 껑껑이와 볼을 부비며 껴안았다.

둘은 누가 먼저랄 것도 없이 마당으로 달려갔다.

"애들아!"

동우는 친구들을 부르기라도 하는 듯 외쳤다. 마당에서 놀고 있던 동물들이 한꺼번에 짖기 시작했다. 모두 동우가 이 날 이 시간쯤에 찾아온다는 걸 본능적으로 알았다. 커다란 거위가 맨 먼저 뒤뚱뒤뚱 달려와 동우 엉덩이를 부리로 꼬집듯 물었다.

"꾸웩! 꾹! 꾹!"

"떼까우, 잘 지냈어?"

동우는 거위를 부르며 날개를 쓰다듬어 줬다. 거위는 부리 위콧구멍으로 콧김을 훅훅 뿜었다. 반가운 것은 거위만이 아니었다. 제일 게으른 뚱뚱한 고양이 뚱보가 어슬렁어슬렁 걸어오며 반겼다. 인사하듯 옆구리를 동우 다리에 슥 부비며 지나갔다. 우리 안의 돼지들도 앞다퉈 울었다. 문 없는 우리여서 벌써 새끼들은 밖으로 달려 나오고 있었다.

"양 박사 왔냐?"

앞치마를 두른 어른이 동우를 반겼다. 곰베 동물 공원의 지킴이다. 뒤엉킨 머리카락을 길게 묶어 둔 게 마치 레게 머리 같았다. 등이 살짝 굽은 모양이어서 양팔이 유난히 길어 보였다.

"래퍼 아줌마!"

동우는 지킴이를 래퍼라고 불렀다.

"인석아, 왜 침팬지는 빼 먹냐?"

"헤헤, 안녕하세요? 침팬지 래퍼 아줌마!"

"그래, 양 박사도 한 주간 잘 지냈냐?"

"네, 그럼요."

"그런데 웬 혹을 줄줄이 달고 왔냐?"

"혹이오?"

동우는 머리에 혹이라도 나 있는 양 머리를 매만졌다.

"머리 말고 뒤 좀 돌아보지 그래?"

"……."

동우는 뒤를 돌아보고는 화들짝 놀랐다. 모퉁이 바위 뒤에서 고개를 삐죽 내밀고 있는 준모와 유리 얼굴이 보였기 때문이다.

"야! 너희……."

"헤헤, 미안. 궁금해서 뒤 좀 밟았어."

유리가 머리를 긁적이며 앞으로 나왔다. 어깨를 잔뜩 움츠린 준모도 유리 뒤에 붙어서 어색하게 웃었다. 그러다 바짝 쫓아와서 부리를 들이대는 거위를 보고는 화들짝 놀랐다. 덩치 큰 유리도 거위를 무서워하기는 마찬가지였다.

"도, 동우야…… 어떻게 좀 해 봐. 응?"

"알았어."

동우는 늙은 느티나무 쪽을 가리키며 "떼까우, 너 저리 좀 가!"라고 낮게 소리쳤다. 거위는 동우 말을 알아듣기라도 하는 양 엉금엉금 느티나무 곁으로 가서 부리로 땅을 헤집었다.

"와! 신기해, 신기해!"

유리와 준모가 한 목소리로 외치며 호들갑을 떨었다. 속으로는 거위에게 붙은 '떼까우'라는 이름이 자못 궁금하기도 했다. 그때 늙은 개 껑껑이가 어슬렁어슬렁 다가와서 동우 앞에 가만히 앉았다.

침팬지 래퍼가 동우에게 물었다.

"이 혹들은 정체가 뭐냐?"

"아줌마, 죄송해요. 전 진짜 뒤를 밟고 있는지 몰랐어요."

"그렇겠지……. 근데 애들은 누구냐니까?"

"아, 예. 애들은 우리 '동사모' 친구들이에요."

"동사모? 여태 그런 모임 있다는 말 안 했잖아?"

"오늘 느닷없이 결성됐어요."

"흠."

침팬지 래퍼는 유리와 준모를 이리저리 흘겨보았다. 성질 급한 사유리가 한 발짝 나섰다.

"안녕하세요? 전 펫시터가 꿈인 동사모 사유리입니다."

"펫시터?"

"네!"

"펫시터가 되려면 먼저 우리 떼까우랑 친해지는 것부터 배워야겠구나. 쟨 애정 결핍이 있어서 늘 따뜻한 손길이 필요하거든. 그럼 넌?"

침팬지 래퍼가 준모를 봤다.

"안녕하세요? 전 이준모입니다."

"애는 동물 병원 원장님이 되는 게 꿈이래요."

유리가 나서서 준모 대신 제대로 된 대답을 해 줬다. 그러자 준모는 얼굴을 붉히며 히죽 웃었다. 침팬지 래퍼는 덥수룩한 머리를 쓰다듬으면서 셋을 번갈아 흘겨봤다. 갑자기 '동사모'를 결성한 이유를 알 것도 같다는 표정이었다.

"그래, 너희 셋 모두 동물들과 관계되는 꿈을 가지고 있어서 그런 모임을 결성했구나?"

"네!"

셋은 한 목소리로 대답했다. 침팬지 래퍼 아줌마는 빙긋 웃으며 느티나무 아래에서 땅을 헤집고 놀고 있는 거위를 바라봤다.

그때 동우가 나섰다.

"아, 참! 래퍼 아줌마 소개를 깜박했네."

거위를 바라보던 래퍼 아줌마의 눈길이 준모와 유리쪽으로 향했다. 동우가 빙긋 웃으며 말을 이어갔다.

"애들아, 정식으로 소개할게. 여기 이분은 제인 아줌마야. 한국학 공부를 하려고 우리나라에 들어오신 지 좀 됐어. 한국말도 정말 잘하셔. 어서 인사드려."

"아, 안녕하세요? 제인 아줌마."

준모와 유리가 고개를 크게 숙이며 인사를 했다. 제인 아줌마는 손을 내밀어 두 아이와 악수를 한 후에 다시 거위에게로 눈길을 돌렸다.

"우리에 갇히지 않고 맘껏 뛰노는 동물들을 보니까 어때?"

"너무 평화로워 보여요."

준모가 평소답지 않게 넙죽 대답했다. 제인 아줌마가 준모를 향해 빙그레 웃으며 말했다.

"내가 공부 때문에 한국에 자주 오는데 말이야. 한국 사람들은 동물들을 너무 가둬 두고 키우더구나. 가두는 것마저도 귀찮게 여겨지면 마구 버리고 말이야. 보다 못해 내가 돌아가는 것을 잠시 미루고 여기에 동물들이 맘껏 뛰놀 수 있는 공원을 만들었어."

"네에."

준모와 유리가 고개를 끄덕이며 제인 아줌마 눈을 바라봤다. 제인 아줌마도 둘과 눈을 마주치고 난 뒤 동우를 흘끗 보았다.

"너희를 보니까 동우 저 녀석을 처음 만났을 때가 생각나네."

그러자 동우가 발끈하며 물었다.

"제인 아줌마, 또 그 얘기 하려고 그러죠?"

"그 얘기?"

"저 처음 만날 때 저기 떼까우를 그런 눈으로 바라보다가 했던 말이요……. 지렁이하고 암탉 얘기요."

"호호호! 이 녀석, 사람 꿰뚫어 보는 재주는 있다니까. 동물 행동학 박사가 되려면 사람 대신 동물의 마음을 보는 노력을 하는 게 어떻겠니?"

"헤헤."

동우는 멋쩍어서 뒷머리를 긁적였다. 제인 아줌마는 동우가 듣건 말건 어렸을 적 얘기를 꺼냈다.

"어렸을 적에 아줌마 방은 동물 천지였다니까."

"왜요?"

사유리가 궁금증이 뻗쳐올라 눈을 동그랗게 뜨고 되물었다.

"뭐, 친하고 싶으면 같이 있고 싶은 마음과 똑같은 거지. 하루는 마당을 기어 다니는 지렁이를 잔뜩 잡아 와서 방바닥에 놓고 한참을 놀고 있었지. 그런데 어머니가 들어와서 질겁하는 거야."

"징그럽다고요?"

"아니! 지렁이는 마당을 떠나면 죽는다고!"

"아, 예."

유리가 다른 애들 대신 대답해 주었다. 제인 아줌마도 그런 유리가 싫지 않은지 쉴 새 없이 어렸을 적 얘기를 늘어놓았다. 지렁이 사건 뒤로 인간의 친절한 마음이 동물들에게는 되레 독이 된다는 것을 알고 있는 그대로 동물을 지켜봐 주었다고 했다.

"하루는 말이다. 암탉의 똥구멍이 궁금하지 않겠니?"

"네에? 윽!"

"조그만 똥구멍으로 어떻게 커다란 달걀을 낳을 수 있는지 궁금했던 거지."

제인 아줌마는 헛간에 숨어서 암탉을 기다렸다. 그러고는 몇 시간을 기다린 끝에 암탉이 코앞에서 알을 낳는 모습을 보게 됐다. 하얀 알이 오물오물한 암탉의 똥구멍에서 뿅, 소리를 내며 떨어지는 순간을 지금까지도 잊지 못했다.

여태 잠자코 있던 준모가 물었다.

"그래서 곰베 동물 공원을 열게 됐군요?"

"그렇지! 준모라고 했니?"

"네."

"동물 공원을 열게 됐다는 말이 참 좋구나. 보다시피 동물들이 아무 때나 들어오고 나가도 되는 동물 공원이니까 말이야."

"혹시 하나 여쭤 봐도 돼요?"

"뭐든 물어보렴. 너무 세게 묻지는 말고. 호호호!"

제인 아줌마는 준모 머리를 쓰다듬어 주며 너스레를 떨었다.

"곰베라면 제인 구달이 침팬지를 관찰했던 아프리카의 그 곰베 아니에요?"

"오! 준모 대단한데? 제인 구달도 알고. 맞아, 이 아줌마의 우상이 바로 제인 구달이란다. 난 여기 오룡산이 아프리카의 곰베처럼 동물들의 천국이 되는 걸 늘 꿈꾸고 있단다."

"와, 멋져요!"

"그러고 보니 아줌마랑 제인 구달이랑 이름도 같네요?"

유리와 준모가 박수를 쳤다. 동우는 이미 알고 있는 사실이었지만 제인 아줌마의 꿈에 부푼 얼굴을 볼 때마다 늘 가슴이 설레고 뛰었다. 제인 구달처럼 동물 행동학 박사가 되는 꿈을 이룰 수 있을 것 같았기 때문이다.

동우는 모처럼 듣고 싶은 게 있었다. **생명에 대한 사랑이 동물 행동학의 시작**이라는 내용이 담긴 제인 아줌마의 흥겨운 랩을!

"그것도 해 줘요."

"뭐?"

"아줌마 별명이 '침팬지 래퍼'잖아요."

"이런……."

제인 아줌마는 큼큼 목청을 다지며 머리를 크게 흔들었다. 새끼줄처럼 보인 레게 머리가 찰랑거리며 돌아갔다. 유리와 준모는 신기한 눈으로 제인 아줌마를 쳐다봤다. 얼마나 랩을 잘하면 그런 별명이 붙었을까 내심 기대가 됐다.

제인 아줌마가 양손을 비틀어 아래로 내렸다가 올렸다.

"동우야 비트 좀 부탁해!"

"네, 아줌마!"

동우가 하모니카를 불 듯 손을 입으로 올려서 비트 음을 내기 시작했다. 유리와 준모는 한 번도 들어보지 못한 동우의 비트 실력에 깜짝 놀랐다. 제인 아줌마가 몸을 흔들며 비트 음을 탔다. 곧이어 랩이 이어졌다.

내 눈앞에서 암탉이 알을 낳았어

푸른 지구 한 알 내 품에 안겼지

암탉이 지구를 낳은 거야

지켜야 할 생명을 낳은 거야

그때부터 생명에 대한 사랑이 시작됐어

제인 구달이 침팬지와 친구가 되듯이

나도 곰베 친구들과 입을 맞췄지

[들개들이 아파트 값을 떨어뜨린다고?]
• 인간의 이기심과 폭력성이 동물을 멸종시킨다 •

동우는 친구들과 헤어지고 난 뒤 곧바로 집에 왔다.

집에는 아무도 없었다. 요즘 들어 아빠는 밤늦게까지 수술을 한다. 개들의 성대 제거 수술과 중성화 수술이 부쩍 늘었기 때문이다. 아빠는 내키지 않으면서도 어쩔 수 없이 수술을 해야만 한다고 말했다.

엄마는 오늘 아파트 동대표 회의가 있다고 했었다. 배가 고파 냉장고를 막 뒤지고 있을 때 엄마한테 전화가 왔다.

"어디니?"

"방금 곰베 동물 공원에서 왔어요."

"잘 됐다, 엄마 심부름 좀 해 줘."

"뭔데요?"

동우는 꼬르륵 소리가 나는 배를 어르며 물었다.

"아빠 책상 위에 보면 서류 봉투 하나 있을 거야. 그것 좀 관리실로 가져다 주렴."

"네."

동우는 마침 잘 됐다 싶었다. 혼자 밥 차려 먹기가 좀 귀찮았는데 엄마 심부름 가는 김에 다과를 집어먹는 게 더 나을 것 같았다. 동우는 서류 봉투를 들고 부리나케 관리실로 달려갔다.

아직 회의가 시작 전인지 관리실은 소란스러웠다. 동우 엄마는 심각한 얼굴로 선글라스 위원장과 얘기 중이었다. 선글라스 위원장은 스카이캐슬의 자치 위원장이다. 밤이나 낮이나 선글라스를 끼고 시시콜콜 잔소리를 하고 다녀서 어린아이들까지도 알고 있었다.

선글라스 위원장이 먼저 동우를 알아봤다.

"저기 박 대표 아들 아니여?"

동우는 선글라스 위원장에게 꾸벅 인사부터 하고 엄마한테 서류를 건넸다. 엄마는 동우를 회의 탁자 앞으로 이끌었다.

"동우야, 저녁 안 먹었지?"

"네."

"김밥하고 과일 좀 먹고 가."

"알았어요. 엄마, 저 신경 쓰지 말고 일 보세요."

동우는 김밥과 과일이 담긴 작은 접시를 들고 뒤쪽 자리에 가 앉았다. 그 뒤로 몇몇 어른이 더 들어왔다. 선글라스 위원장이 사람들을 하나하나 살펴보고 소리쳤다.

"얼추 다 모인 것 같으니까 회의를 시작합시다."

사람들은 선글라스 위원장의 말에 서둘러 자리에 앉았다. 108동 대표 겸 부위원장을 맡고 있는 동우 엄마가 회의를 진행했다. 국기에 대한 경례와 묵념을 하고 난 뒤, 스카이캐슬 자치 위원회 강령까지 외웠다.

선글라스 위원장이 어두운 얼굴로 말했다.

"에, 모두 반갑습니다. 여러 동 대표님들이 잘 아시다시피 저는 오로지 우리 스카이캐슬을 명품 아파트로 올려놓는 것을 사명으로 삼고 있습니다. 만약 이런 제 사명을 게을리 한다면 언제든지 저를 탄핵해 주시기 바랍니다."

"아유, 위원장님도 무슨 그런 섭섭한 말씀을 다 하시고. 박수, 박수!"

엄마가 일어나서 맨 먼저 박수를 쳤다. 그러자 다른 동 대표 아

줌마 아저씨들도 관리실이 떠나갈 듯한 커다란 박수를 보냈다. 동우는 언젠가 엄마한테 들었던 말이 떠올랐다. 우리 스카이캐슬이 명품 아파트라는 소문이 퍼져 나갈수록 집값이 뛴다고 했다.

선글라스 위원장이 흐뭇한 미소를 지으며 말을 다시 이었다.

"오늘 이렇게 긴급 회의를 소집한 이유는 다름 아닌 들개들 때문입니다. 오늘까지 들개들이 출몰하여 음식물 쓰레기봉투를 헤집는다는 신고가 5건 그리고 들개가 허연 이빨을 드러내 놓고 금방이라도 달려들 것처럼 물려고 했다는 신고가 6건, 합하여 총 11건 접수됐습니다. 이 사태는 우리 스카이캐슬이 명품 아파트로 도약하는 데 있어서 커다란 제약이 아닐 수 없습니다."

"……"

선글라스 위원장이 불끈 쥔 주먹을 휘두르면서 하는 말에 모두들 바짝 긴장했다. 들개들이 출몰하여 아파트 가격을 뚝뚝 잘라 먹는 상상을 하는 듯했다. 동우는 김밥을 먹으면서도 온갖 신경이 회의 탁자로 몰려 있다는 것을 깨달았다. 바로 집값을 떨어뜨리고 있는 나쁜 짐승으로 몰린 들개들 때문이었다.

"광견병에 걸린 들개들이 있다고 들었어요."

누군가의 말에 모두들 질겁했다.

"늑대처럼 커다랗다고 하던데요?"

"한둘이 아니라 떼를 지어 나타난대요."

여기저기에서 지금까지 들은 들개들의 소문을 말했다. 주의 깊게 듣고 있던 선글라스 위원장이 깊은 한탄을 내뱉었다.

"숲으로 우거진 오룡산이 우리 아파트의 큰 프리미엄인 줄 알았는데 되레 들개들의 은신처가 돼 우리를 괴롭힐 줄 누가 알았겠습니까? 거기에 광견병에 걸린 들개들까지 우리 아파트 주민들을 노리고 있다니요?"

"……."

"자! 자, 우리 재산은 우리가 지켜야 합니다. 그 하찮은 들개들 때문에 우리 스카이캐슬의 가격이 떨어진다는 게 말이 됩니까?

그러니까 오늘은 밤을 새서라도 대책을 강구해야 합니다. 어서 좋은 의견들 내놓아 보세요."

선글라스 위원장이 사람들을 빙 둘러보며 다그쳤다. 여러 동 대표 어른들은 봇물 터지듯 대책을 내놓기 시작했다. 엄마는 그런 사람들의 말을 토씨 하나라도 놓치지 않으려는 듯 메모를 하고 있었다.

한참이 지나갔다. 선글라스 위원장이 엄마를 향해 눈짓을 했다. 그러자 동우 엄마가 일어나 지금까지 나온 의견들을 종합해서 정리를 해 줬다.

"먼저 보호자 없이 아이들이나 노약자 분들을 외출 시켜서는

안 됩니다. 둘째 각 가정에서는 음식물 쓰레기를 철저히 통 안에 버려야 할 것이며, 개들에게 음식물을 주는 사례는 결코 없어야 할 것입니다. 그리고 구청에 지속적으로 민원을 제기함과 동시에 들개들을 목격하는 즉시 119에 신고하여 포획하도록 조치해야 합니다."

"좋아요, 좋습니다!"

어른들이 일어서서 박수를 쳤다. 모두들 회의 결과에 만족하는 눈치였다. 선글라스 위원장이 마지막으로 한 마디 하였다.

"만일 우리가 결의한 대로 실행에 옮겼음에도 들개들이 계속 출몰한다면 제가 특단의 조치를 내릴 테니까 여러분은 저만 믿고 따라와 주시면 고맙겠습니다. 다시 한 번 말씀을 올리지만 저의 사명은 우리 스카이캐슬을 명품 아파트로 만드는 것이란 것을 알아주시길 바랍니다."

"와아! 위원장님을 응원합니다."

모두 일어서서 선글라스 위원장을 위해 박수를 쳤다. 선글라스 위원장은 입가에 미소를 지으며 선글라스를 위로 살짝 올렸다가 내렸다. 마치 박수에 대한 답례를 하는 것 같았다. 동우는 슬그머니 관리실을 빠져나왔다. 그리고 집으로 돌아오자마자 동사모 회원들에게 문자를 보냈다.

〈동사모 긴급 모임〉 내일 오후 3시, 곰베 동물 공원에서!

모임 이유를 묻는 유리와 준모 문자가 이어졌다. 동우는 동사모의 첫 번째 임무에 대한 것이라고 에둘러 대답했다. 유리는 몹시 궁금하다는 물음표를 연달아 보냈고 준모는 '임무'라는 낱말에 어깨가 무거워진다고 제법 어른스러운 답을 보내왔다.

다음 날 셋은 학교가 끝나자마자 곰베 동물 공원으로 갔다.

"어? 껑껑이가 안 보이네?"

동우는 늙은 개 껑껑이가 걱정돼 달려갔다. 제인 아줌마가 현관문을 열고 나오다 멈칫하며 물었다.

"오늘은 또 무슨 일이냐?"

"혹시 껑껑이 아파요?"

"아프긴……. 저기 좀 봐라."

제인 아줌마가 치렁치렁한 레게 머리를 뒤로 넘기며 느티나무 아래를 가리켰다. 껑껑이가 웬 나무토막 같은 것을 가지고 놀고 있었다.

"장난감 만들어 줬어요?"

"장난감? 하하, 장난감 맞네. 가까이 가서 봐라. 새 식구가 들어왔다."

"네?"

동우는 깜짝 놀라며 느티나무 아래로 뛰어갔다. 유리와 준모도 얼떨결에 동우 뒤를 따라갔다.

"어머! 귀여워, 귀여워!"

유리가 호들갑을 떨며 방방 뛰었다. 껑껑이가 앞발로 굴리며 놀고 있는 것은 나무토막이 아니라 멧돼지

새끼였다. 노란 털에 까만 줄무늬가 선명해서 태어난 지 얼마 안 되어 보였다. 멧돼지 새끼의 털이 반질반질했다. 껑껑이가 혀를 길게 빼물고 몇 번이나 핥아 줬을 것이다.

제인 아줌마가 말했다.

"간밤에 어미를 잃은 모양이구나."

"아줌마, 그런데 새끼를 그냥 저대로 둬도 돼요? 껑껑이가 물어 버리면 어떡하려고요?"

유리가 멧돼지 새끼를 측은한 눈으로 바라봤다.

"이곳 이름이 뭐지?"

"곰베 동물 공원이오."

"그래, 동물들만의 공원이다. 동물 공원의 주인은 동물들이니까 함부로 사람들이 개입해서는 안 되는 게 이곳 철칙이야. 저게 싸우고 괴롭히는 것 같아 보여도 서로 친해지고 싶다는 장난 같은 거야."

"아, 네······."

유리가 입을 꾹 다물고 고개를 끄덕였다. 제인 아줌마가 셋을 번갈아 보며 물었다.

"그나저나 오늘은 또 무슨 일로 오셨을까?"

"아! 아줌마, 아주 긴급한 일이 터졌어요."

"긴급한 일?"

"네!"

동우는 제인 아줌마의 팔을 붙들고 집 앞의 배롱나무 아래로 갔다. 배롱나무 아래에는 조그만 평상이 놓여 있었다. 평상 귀퉁이에는 고양이 뚱보가 웅크리고 앉아 졸고 있었다.

동우가 다급하게 물었다.

"혹시 들개 무리를 본 적 있어요?"

"개면 다 같은 개지 들개가 뭐니? 음…… 어제 저녁에도 봤지."

"어디서요?"

"저 앞길을 따라 마을로 내려가던데?"

제인 아줌마는 뜬금없다는 표정을 지었다. 동우는 어젯밤 아파트 회의에서 벌어졌던 얘기를 해 줬다. 선글라스 위원장의 말투며 생김새까지 자세하게 알려 줬다. 그러다 보니 엄마가 부위원장이란 건 빼먹고 말았다. 제인 아줌마의 얼굴이 점점 굳어져 갔다.

여태 한 마디도 하지 않던 준모가 낮은 목소리로 말했다.

"들개들이 유해 야생 동물로 지정됐는지가 관건이겠어."

동우는 속으로 뜨끔 놀랐다. 동물 행동학 박사의 꿈을 갖고 있는 자신보다도 동물에 대한 지식을 더 많이 알고 있는 준모가 대단했다. 그리고 보니 동우 아빠와 제인 아줌마의 관계도 그러했다. 동물 병원을 운영하는 동우 아빠가 조금 난처한 환자가 생길 때마다 제인 아줌마에게 도움을 청하곤 했다. 그때마다 엄마는 "누가 동물 병원 원장인지 모르겠네!"라고 핀잔을 주었다. 동우 아빠는 아랑곳하지 않고 어려운 일이 닥칠 때마다 제인 아줌마를 찾아갔다.

동우도 꿈이 동물 행동학 박사라는 걸 표현하고 싶었다.

"국회에 들개를 유해 동물로 지정하겠다는 법이 올라가 있어. 그렇지만 여러 동물 보호 단체에서 반대하고 나서서 아직 발효되지는 않았다고 들었어."

"그렇구나."

준모가 고개를 끄덕이며 시무룩한 표정을 지었다. 그러자 유리가 동우와 준모를 번갈아 보며 물었다.

"그 법이 무슨 상관인데 그러는 거야?"

"응, 그 법이 통과되면 들개를 사냥하듯 잡거나 죽여도 되거든."

동우가 심각한 얼굴로 대답했다.

"힝! 들개들 대부분이 주인에게 버려진 개라고 들었는데."

유리가 울상을 지었다. 동우는 제법 어른답게 유리 어깨를 툭툭 두드려 주었다. 준모도 유리에게 바짝 다가서 줬다. 제인 아줌마는 셋을 지그시 바라보며 빙긋 미소를 지었다.

"녀석들이 마을까지 내려가지 말고 여기로 오면 좋을 텐데 말이야."

"그러게요 멧돼지 새끼도 오는데 말이에요."

유리가 제인 아줌마의 대답을 반기며 말했다.

"그런데 말이다. 그 녀석들은 한 번 사람에게 상처를 받은 데다가, 사람들이 사나운 짐승 취급을 하니까 경계심만 잔뜩 늘어난 것이지. 그래서 여기에 오는 것도 쉬운 일이 아닐 거야."

"아줌마도 선글라스 위원장의 '특단의 조치'를 눈치채셨어요?"

동우가 걱정스러운 눈빛으로 되물었다.

"십중팔구 준모가 말한 것과 관련이 있을 거다."

"아직은 법이 통과 안 됐잖아요……."

"마취 총을 쏴서 포획한다고 하겠지만 그게 말대로 되는 게 아닐 거야. 설령 포획해서 구청에 넘긴다 해도 주인이 나타나지 않으면 안락사를 시키는 게 규정이거든. 당장 총으로 쏴서 죽이나 나중에 안락사를 시키나 똑같은 게 아니겠니?"

"……."

동사모 친구들은 한동안 할 말을 잃어버렸다. 잠에서 깬 고양이 뚱보가 유리 등을 슥 스치며 지나갔다. 떼까
우도 말없이 겅중겅중 걸어와 앉아서 날개 한쪽
에 부리를 묻었다. 마침 노란 암탉이 탁구공만 한
새끼들을 데리고 마당으로 나오고 있었다.

제인 아줌마가 마당 곳곳의 동물들을 둘러보며 말을 이었다.
"인간들만이 생각을 하고 말을 한다고 생각하니?"
"앵무새도 말을 하잖아요."
유리가 대답했다.
"돌고래들도 자기들끼리 의사소통이 가능하다고 들었어요."
준모가 대답했다.
"침팬지들은 약 300개의 낱말들을 사용할 수 있다고 들었어요.
그리고 서로 다른 우리에 갇혔을 때도 수화로 의사소통을 했대요."
동우가 대답했다.

제인 아줌마는 셋의 말을 진지한 눈빛으로 들었다. 동사모 아
이들이 학교 끝나면 학원으로 달려가고 조금의 자투리 시간만 생
기면 스마트폰을 들여다보거나 게임을 하는 요즘 아이들과는 다
른 것 같아 내심 대견스러웠다.

"그래, 모두 맞는 말이구나. 인간만이 생각을 하고 말을 하고 성
품이 있다고 여기는 게 문제란다."

"……."

"그런 이기심이 욕심을 불러일으키고 폭력성을 드러내게 하지. 그 때문에 이 지구상의 동물들이 멸종되어 가는 거란다."

"침팬지들도 멸종되어 가고 있죠?"

동우가 물었다.

"처음에는 사람들이 고기로 먹기 위해 사냥을 했지."

"웩!"

유리가 그만 헛구역질을 했다. 준모가 유리 등을 토닥여 줬다. 제인 아줌마는 슬픈 눈으로 말을 이어 갔다.

"제인 구달이 가까이에서 침팬지들을 지켜본 바로는 인간들이 여러 방법으로 침팬지들을 학살했다는구나."

"여러 방법이오?"

"예를 들면 침팬지들이 사는 서식지를 파괴하는 것이지."

"밀림의 나무를 베어 버리는 것이죠?"

유리가 물었다.

"그뿐만이 아니야. 새끼를 잡아 애완용으로 팔기도 했어. 심지어는 인간의 병을 치료하기 위한 의료 실험용으로도 잡아갔단다. 침팬지가 동물 중에서 인간과 가장 비슷한 신체적 구조를 가지고 있어서 그랬던 것이지."

"에이즈 치료제 실험도 했다고 들었어요."

동우가 아는 체를 했다. 준모와 유리는 인상을 찌푸리며 눈을 찔끔 감았다가 떴다.

"개들도 마찬가지 아니겠니? 인간의 외로움을 달랜답시고 키우다가 귀찮거나 싫증이 나니까 몰래 버려 버려서 들이나 산에서 살 수밖에 없는 처지가 되었잖니. 그래 놓고 지금은 유해 야생 동물로 지정해서 잡거나 죽이겠다고 으르렁거리고 있으니 말이야."

"흑! 그만해요, 아줌마……."

준모가 느닷없이 울음을 터트렸다. 제인 아줌마가 조금은 의아한 눈빛으로 준모 등을 어루만졌다.

"준모야, 왜 그러는 거니?"

"버리지는 않았지만 3년 전에 잃어버린 '옹구'가 생각나서요."

"개를 잃어버렸었구나?"

"네. 더 찾지 않고 포기해 버린 게 꼭 버린 거나 마찬가지란 생각이 들었어요."

유리와 동우도 준모 옆으로 바짝 다가가 위로해 주었다. 제인 아줌마가 조심스럽게 제안을 했다.

"준모야, 너 동물 병원 원장이 되는 게 꿈이랬지?"

"네."

"개들을 구하고 싶니?"

"네!"

준모뿐만이 아니라 유리와 동우도 함께 대답했다.

"그럼 맨 먼저 그 개들을 관찰부터 해 보는 게 어떻겠니?"

"어떻게요? 개들이 어디에 있는지조차 모르는데요."

"지성이면 감천이라는 옛말도 있단다. 너희가 그 애들을 구하려고 하는 마음이 하늘에 닿는다면 하늘도 너희를 도우려 하지 않겠니?"

"네에."

동사모 삼총사 애들은 마치 하느님께 기도를 드리기라도 하는 듯이 두 손을 모았다.

비자나무 숲 용소의 비밀
• 동물과 소통하는 데 최고의 무기는 인내심이다 •

수요일은 학교가 조금 일찍 끝난다.

동우는 유리와 준모를 앞세우고 곰베 동물 공원으로 향했다. 유리는 벌써 들개들을 만난 것처럼 한껏 들떠 있었다. 들개에게 준다며 가져온 소시지를 몇 번이나 꺼냈다가 집어 넣곤 하였다. 준모는 입을 꾹 다물고 유리 뒤를 따랐다. 어렸을 적에 잃어버렸던 '옹구'가 자꾸 떠올랐기 때문이다.

동우는 간밤에 아파트에서 일어난 일들을 말해 줬다. 엊그제 아파트에서 긴급회의를 한 뒤로 들개 출몰 신고가 잇따랐다는 얘기였다. 들개들을 이끌고 있는 우두머리가 늑대처럼 생겼고, 사람

목숨을 단번에 끊어 버릴 수 있는 맹수처럼 보인다는 것이었다.

곰베 동물 공원는 언제나처럼 평화로웠다. 멧돼지 새끼가 마당 한가운데에서 땅을 헤집고 있었다. 잔뜩 주눅이 들어서 웅크리고 있던 어제의 모습과는 전혀 달랐다. 다른 동물들도 벌써 멧돼지 새끼를 한 식구처럼 대하는 듯 보였다.

"관찰을 하기로 마음먹은 거니?"

제인 아줌마가 감자 한 알을 들고 나오며 동사모 아이들을 반겼다. 멧돼지 새끼가 쪼르르 달려와 제인 아줌마 발밑에서 킁킁거렸다. 동우가 한 발짝 앞으로 나서며 대답했다.

"쇠뿔도 단김에 빼라는 말이 있잖아요."

"쇠뿔?"

"네! 뭐든 마음먹었을 때 서둘러 처리해야 된다는 뜻인데, 지금 우리 아파트 분위기로 봐서 어서 개들을 구출해야 할 것 같아서요. 벌써 개들을 사람을 해칠 괴물로 몰아가는 소문들이 나돌고 있다니까요."

"흠, 큰일이구나."

제인 아줌마는 턱을 손으로 받치면서 잠시 뜸을 들였다. 성질 급한 유리가 잠깐을 견디지 못하고 보챘다.

"아줌마, 개들이 어디에 숨어 있을까요?"

제인 아줌마는 생각에 잠긴 탓에 유리의 질문을 듣지 못했다. 유리가 발끈한 목소리로 다시 불렀다.

"아줌마!"

"응? 왜, 유리야."

"개들이 어디에 숨어 있냐고요!"

"개들이 숨어? 개들이 무슨 죄를 지었다고 숨는다는 말을 쓰는 거니?"

"네? 아, 그건……."

유리는 말뜻을 잘 몰라 얼버무렸다.

"개들도 제 나름대로 살아가고 있는 거야. 아줌마가 곰곰이 생각해 봤는데 말이다, 오룡산 이름의 유래가 다섯 마리의 용이 서로 먼저 하늘로 오르려고 다툼하는 형상에서 비롯됐거든. 오룡산 한가운데 여의주 같은 동그란 소가 있는데 그곳이 바로 용소야. 내 생각에는 그곳이 가장 은밀한 장소인 것 같단 말이야."

"지도 같은 건 없나요?"

준모가 눈을 반짝이며 물었다.

"지도? 용소 쪽은 등산로가 없기 때문에 지도에 안 나와. 하지만 종일 오룡산만 생각하고 살피는 나에게 지도를 그리는 것쯤이야 식은 죽 먹기이지."

"와, 정말요?"

동사모 아이들은 눈을 동그랗게 뜨고 제인 아줌마를 바라봤다. 제인 아줌마는 쪼그려 앉아 나뭇가지로 마당에 지도를 그리기 시작했다. 그 지도는 오룡산 구석구석이 한눈에 들어올 만큼 자세했다.

제인 아줌마가 나뭇가지로 한 곳을 가리키며 물었다.

"여기가 용소다! 주변이 비자나무 숲으로 우거져 있으니까 잘 보이지 않을 수도 있다. 어때, 찾아낼 수 있겠니?"

"종이에 그려 주시지."

유리가 고개를 갸웃하며 구시렁댔다. 그러자 동우가 스마트폰을 꺼내 마당에 그려진 지도를 찰칵 하고 찍었다. 제인 아줌마가 지도의 한 곳을 찍으면서 말했다.

"왼쪽으로는 약수터, 곧장 오르면 용코봉이 나오지. 여기 갈림길에서 곧장 오르지 말고 오른쪽으로 꺾어 비자나무숲으로 들어가야 용소가 나와."

"네에."

"자신 있으면 빨리 출발해! 그래야 해지기 전에 돌아올 수 있을 거야."

"네!"

아이들은 군인처럼 차렷 자세를 하고 경례를 올려붙였다. 제인 아줌마는 손을 이마에 올렸다 내리면서 한 가지를 더 짚어 줬다.

"명심해야 할 것이 있는데 말이야."

"뭐예요?"

"동물들과 만나려는 사람에게 최고의 무기는 '인내심'이란 걸 알아 둬!"

"네, 알겠습니다."

셋은 제인 아줌마의 말뜻을 잘 알지도 못하면서 우렁차게 대답했다. 그러고는 곧장 숲길로 난 길을 따라 오르기 시작했다. 동우는 스마트폰을 켜 놓고 중간 중간 지도와 실제의 길을 확인했다. 처음은 등산로를 따라 무작정 오르면 되는 길이었다. 초여름이어서 나뭇잎들이 짙은 초록빛을 띠고 있었다.

동우가 스마트폰 안의 지도를 살폈다.

"저 앞이 갈림길인가 봐."

"그래, 왼쪽으로는 난 길은 약수터이고 곧바로 오르는 길은 용코봉 쪽인가 봐."

준모가 고개를 끄덕이며 대답했다.

"여기 갈림길에서 오른쪽으로 들어가면 비자나무숲이 나온다고 했어. 아줌마가 여기에 500미터라고 적어 놓은 걸로 봐서 그리

멀지는 않은 것 같아."

"용소는 계곡물이 흘러서 물이 고였을 거야. 어쩌면 지금도 계곡물이 흘러내릴 수도 있고……. 가다 보면 물 떨어지는 소리가 들릴 수도 있겠는데."

준모가 오른쪽을 바라보며 중얼거렸다. 유리가 준모 등짝을 가볍게 치며 놀라운 표정을 지었다.

"와, 준모 짱!"

"……."

준모는 대수롭지 않다는 표정으로 피식 웃었다. 유리가 벗어서 들고 있던 겉옷을 허리에 질끈 맸다. 그러고는 바닥에서 지팡이만큼 큰 막대기를 주워 들고 휘두르며 말했다.

"내가 앞장설 테니까 여기부터는 나한테 맡겨!"

"지도 볼 줄은 아는 거야?"

동우가 미심쩍은 얼굴로 물었다.

"지도는 동우 네가 보면 되잖아. 나한테 길만 가르쳐 주라고! 그러면 내가 앞길을 확실히 터 줄 테니까 말이야."

유리는 코를 엄지로 쓱 문지르며 잰 척했다. 동우가 장난기 가득한 눈으로 되물었다.

"뱀이 나올 수도 있는데?"

"꺅!"

유리는 화들짝 놀라 막대기를 내던지고 동우 뒤로 숨었다. 동우와 준모는 어이없어 하는 표정을 지었다가 끝내는 쿡쿡 웃었다. 뒤늦게야 겁쟁이라는 것을 들킨 유리가 겸연쩍은 얼굴로 막대를 슬그머니 집어 들었다.

"아무튼 내가 앞장설게!"

유리가 막대를 한 번 휘저으며 오른쪽으로 걸음을 뗄 때였다.

"어? 저 아저씨 좀 봐."

준모가 용코봉 쪽을 가리켰다. 구레나룻 털이 새까만 어른 한 명이 힐끗힐끗 주변을 살피면서 내려오고 있었다. 털보 아저씨는 등산 배낭이 아닌 낚시 가방을 매고 있었다. 성질 급한 유리가 그냥 넘어갈 리가 없었다.

"아저씨, 산에도 물고기가 있어요?"

"물고기?"

털보 아저씨는 당돌한 유리의 질문에 얼핏 당황하는 눈치였다.

"네! 낚시 가방을 매고 산에 오신 거잖아요."

"나…… 낚시 가방? 우하하하!"

털보 아저씨는 잠깐 얼떨떨해 하다가 허리를 꾸부리며 커다랗게 웃었다. 그러다 눈을 홉뜨며 유리를 나무랐다.

"이게 낚시 가방으로 보인단 말이야?"

"네!"

유리도 물러서지 않고 대답했다.

"이런…… 잠깐! 지금 내가 코흘리개 애들이랑 말장난할 때가 아니지. 어험, 신경 쓰지 말고 놀던 것 마저 놀아라."

털보 아저씨는 모자를 깊이 눌러 쓰고 아래로 내려가 버렸다. 동우는 털보 아저씨의 대답으로 보아 낚시꾼이 아닐 거라는 짐작이 갔다. 준모도 동우와 같은 생각인지 연방 고개를 갸웃갸웃했다.

"아유, 늦겠다. 늦겠어. 어서 가자!"

유리가 막대기로 잔 나무들을 툭툭 치며 숲으로 들어섰다. 동우와 준모도 유리 뒤를 따라갔다. 크고 작은 나무들로 빼곡한 숲길은 앞으로 나아가기가 힘들었다. 소나무 외에도 떡갈나무와 사철나무들이 들어차 있어서 길을 만들기가 힘들었다. 유리는 끙끙 앓는 소리를 내며 길을 트며 나아갔다.

한참을 더 들어갔을 때 준모가 작은 나무를 어루만지며 입을 열었다.

"곧 제인 아줌마가 말한 비자나무숲이 나올 것 같아."

"이게 비자나무야?"

동우는 준모가 눈길을 주고 있는 나무를 가리키며 물었다.

"소나무 이파리보다 짧고 통통하잖아. 이파리가 눈썹처럼 생겼고 나무통도 더 굵은 걸로 봐서 확실해."

"……."

동우는 뭐든 척척 알아맞히는 준모가 백과사전 같다고 생각했다. 유리는 준모의 말은 들은 척도 안 하고 앞으로 나아가기에 바빴다. 조금 뒤에 준모가 말한 비자나무가 빼곡하게 들어찬 곳이 나오기 시작했다. 거기부터는 잡목들이 없어서 앞으로 나가기가 수월했다.

"잠깐!"

동우가 아이들의 걸음을 멈춰 세웠다. 앞쪽 어디선가 물이 떨어지는 소리가 들려왔다. 셋은 한 목소리로 외쳤다.

"용소다!"

그때부터 유리의 발걸음이 빨라지기 시작했다. 물 떨어지는 소리도 점점 더 가까이 들려왔다. 물소리를 따라 한참을 걸었을 때였다. 유리가 막대기로 앞쪽을 가리키며 외쳤다.

"찾았다!"

동우는 스마트폰 속 지도를 살폈다. 제인 아줌마가 그려 준 용소와 똑같았다. 낭떠러지 같은 절벽에서 가는 물줄기가 떨어지고 있었다. 폭포라고 말할 수 없을 정도로 물줄기가 몇 가닥뿐이어서 사람들이 찾지 않았을 것이라는 짐작이 갔다. 절벽 아래 그리 크지 않은 웅덩이가 보였다. 비가 많이 오면 깊어지겠지만 눈으로 봐서는 얕은 웅덩이로 보였다. 위뿐만 아니라 양옆도 절벽이어서 용소로 내려갈 수는 없어 보였다.

먼저 들개들을 관찰할 수 있는 은밀한 장소가 필요했다. 동우는 사방을 빙 둘러보았다. 개들의 눈에 띄지 않으면서도 용소가 훤히 내려다보이는 곳이 좋을 것 같았다. 동우가 한 곳을 찾아냈다.

"저 갈라진 바위 뒤쪽이 안성맞춤이겠어."

그곳은 두 쪽으로 갈라진 것처럼 보이는 바위였다. 바위 뒤에 숨어서 고개를 내밀면 용소가 한눈에 들어왔다. 몸이 밖으로 드러나지 않기 때문에 멀리서 보면 내민 고개들이 작은 바위처럼 보일 것 같았다.

동우는 미리 준비해 간 돗자리를 꺼내 바닥에 폈다. 그러고는 조그마한 망원경과 수첩을 꺼냈다. 수첩 표지에는 '오룡산 견공 관찰 일지'라고 쓰여 있었다. 유리가 수첩을 낚아채서 유심히 살폈다.

"동우야, 견공이 뭐야?"

"견공이라는 것은 개를 높여 부르는 말이야."

동우 대신 준모가 대답을 해 줬다. 유리는 그제야 무슨 말뜻인지를 알아채고 고개를 끄덕끄덕했다. 웬일로 준모가 동우한테 엄지를 치켜세우며 말을 걸었다.

"역시 꿈이 동물 행동학 박사라 그런지 남다른 것 같아."

"칭찬치곤 좀 과한데?"

"아냐! 동우 너, 멋져 보여."

"훗! 고마워."

동우는 준모와 주먹을 맞대었다. 유리도 토라진 얼굴로 콧방귀를 뀌면서 주먹을 들이댔다. 셋은 서로의 얼굴을 번갈아보며 나지막하게 웃었다.

유리는 망원경으로 용소를 살피기 시작했다. 동우는 수첩에다 용소 주변을 스케치했다. 준모는 가만히 웅크리고 앉아서 귀를 용소 쪽으로 향했다. 혹시라도 들개들이 짖는 소리가 물소리 속에 묻힐까 봐 귀를 기울이는 것이었다.

고요한 나머지 모든 게 멈춘 듯 보였다. 어느새 용소 쪽을 관찰하기 시작한 지 한 시간이 훌쩍 지나가 버렸다. 유리는 슬슬 지겨운 티를 내기 시작했다.

"제인 아줌마가 잘못 짚은 거 아니니?"

유리는 망원경으로 용소가 아닌 하늘과 숲속 곳곳을 훔쳐봤다.

동우가 유리 옆구리를 쿡 찌르며 핀잔을 줬다.

"동물과 소통하는 데 최대의 무기는 인내심이란 걸 잊지 마!"

"힝."

유리는 콧소리를 내며 망원경을 다시 용소로 겨눴다. 그때, 준

모가 귀에 손나팔을 만들어 대며 낮게 소리쳤다.

"잠깐, 조용히 해 봐!"

"……."

동우는 재빨리 유리 손에서 망원경을 낚아챘다.

"희미하지만 개 짓는 소리가 들리는 것 같아."

"정말?"

유리가 준모처럼 귀를 용소 쪽으로 기울였다. 용소를 살피던 동우는 반쯤 일어나며 외쳤다.

"개들이 온다!"

유리와 준모도 고개를 내밀어 용소를 바라봤다. 동우 말대로 들개들의 무리가 슬금슬금 용소 쪽으로 다가오고 있었다. 유난히 큰 개가 앞장섰고 크고 작은 개들과 함께 강아지 세 마리가 뒤를 따르고 있었다. 강아지들은 곰베 동물 공원으로 들어온 멧돼지 새끼만큼 작았다.

들개들은 용소 위 너럭바위에서 뛰어놀았다. 우두머리인 큰 개는 뒤쪽에서 가만히 웅크리고 앉아 있었고, 나머지 개들은 서로를 무는 시늉을 하거나 앞발로 툭툭 치며 놀았다. 강아지들은 이리 뛰고 저리 뛰며 어쩔 줄을 몰라 했다. 동우는 재빨리 개들을 그리기 시작했다. 함께 가져온 색연필로 개들의 색깔도 표현했다. 약간 흥분된 듯 손이 바르르 떨리기까지 했다.

"우리 옹구도 컸으면 저만했을 텐데."

"저 큰 개를 말하는 거지?"

"응."

준모가 시무룩한 얼굴로 대답했다. 동우는 큰 개가 들개들의 우두머리일 것 같다는 생각을 했다. 잠자코 있던 유리가 궁금한 눈초리로 물었다.

"동우야, 저 강아지들 엄마가 누군 거 같아?"

"젖이 통통 불은 저기, 하얀 개가 어미일 거야. 아빠 개는 우두머리인 것 같은 큰 개로 보이고."

강아지들이 동우 말을 알아들은 것처럼 어미에게 달려가 젖을 물기 시작했다. 유리는 망원경을 눈에 댄 채 손을 내밀어 강아지들을 만지는 시늉을 했다.

"정말 귀엽다. 한 번 만지고 싶어. 개들을 부르면 안 될까?"

"아직은 안 돼! 우리 정체를 들키면 쟤들은 은신처를 다른 데로 옮겨 버릴 거라고."

"힝! 진짜 귀여운데. 소시지라도 던져 주면 안 될까?"

"아직은 때가 아니야. 다음번에 개들이 오기 전에 미리 던져 놓는 게 나을 것 같아."

"진짜 명심하라고! 이제부터 우리에게 진짜 '인내심'이 필요한 때라는 걸!"

"알았어."

준모와 유리가 소곤거리듯 대답했다. 동우는 수첩을 넘겨 가며 개를 한 마리씩 따로 그리기 시작했다. 그리고 저마다의 특징과 버릇 같은 행동들도 곁들여 적었다. 그러다 보니 서너 시간이 훌쩍 지나 버렸다. 산그늘이 제법 곳곳에 드리우기 시작했다.

동우가 슬그머니 일어섰다.

"쉬이, 오늘은 여기까지만 하자."

셋은 소리 나지 않게 가방을 챙겨 뒷걸음질해 물러났다. 비자나무숲을 조심스럽게 빠져나와 등산로로 나오고 나서야 깊은 숨을 토해 냈다. 들개들이 짖지 않는 걸로 봐서 다행히 정체를 들키지 않은 모양이었다.

동우가 조심스럽게 입을 열었다.

"사람을 해칠 늑대 개처럼 보이지 않았어."

"맞아, 내가 보기에도 그랬어. 진짜 온순하고 차분했던 우리 옹구처럼 생겼단 말이야."

"잠깐! 방금 든 생각인데 말이야. 아까 만났던 낚시꾼 있지?"

동우가 걸음을 멈추고 준모와 유리를 봤다.

"그 털보 아저씨?"

"응. 아무래도 낚시 가방이 아니고 사냥총 가방인 것 같아."

"사, 사냥총?"

준모와 유리가 소스라치게 놀랐다.

"언제 아빠 동물 병원에 간 적이 있었는데 엽사 그러니까 사냥꾼들이 그런 가방을 매고 왔다는 게 이제야 생각났어."

"그렇다면 너희 아파트 선글라스 위원장이 벌써 사냥꾼을 보냈다는 거야?"

"아마, 그럴 수도. 미리 염탐을 해 보라고 했겠지."

"……."

모두 할 말을 잃고 바르르 떨었다. 유리는 벌써부터 강아지들이 사냥꾼 총에 맞아 쓰러지는 광경을 떠올렸다. 동사모 아이들은 무거운 발걸음으로 산을 내려갔다. 땅거미가 길을 따라 어둑어둑하게 뒤따라왔다.

이름을 지어 주는 게 어때?
• 동물도 인간처럼 각각의 성품이 있다 •

기다리던 토요일이 왔다.

동우는 동사모 아이들을 데리고 아침 일찍 곰베 동물 공원으로 달려갔다. 제인 아줌마는 기다렸다는 듯이 동사모를 맞았다. 미리 동우가 며칠 전에 벌어진 사건을 말했기 때문이다.

제인 아줌마는 동사모와 함께 용소로 가 볼 작정이었다.

"털보 그 사람, 사냥꾼이 틀림없더라!"

제인 아줌마는 아이들을 보자마자 좋지 않은 소식부터 전했다. 동우는 믿을만한 정보인지 궁금했다.

"그걸 어떻게 알았어요?"

"총포는 원래 경찰서에 맡겨 둔단다. 필요할 때는 허가를 받고 찾아가게 돼 있지. 며칠 전에 털보 그 사람이 멧돼지를 잡는다며 총포를 찾아갔다고 하더구나. 최근 멧돼지들이 주택가에 출몰하기도 했거든."

"멧돼지 잡는다는 것은 핑계일 수도 있겠네요?"

"그렇다고 봐야지. 십중팔구 선글라스 위원장이 미리 염탐을 해 보라고 보냈을 거다."

동사모의 얼굴이 점점 굳어져 갔다. 제인 아줌마는 아이들의 등을 차례대로 토닥여 주며 다그쳤다.

"내 눈으로 직접 확인하고 싶으니까 오늘은 함께 가자."

"정말요?"

유리가 가장 반가워하며 제인 아줌마의 팔짱을 꼈다. 제인 아줌마는 용소 가는 길을 훤히 알고 있으면서도 일부러 동사모 아이들 뒤를 따라갔다. 아이들은 들개들이 걱정돼 온 신경을 곤두세우고 앞장서 걸어갔다.

지난번처럼 유리가 약수터에서 비자나무숲으로 먼저 들어갔다. 맨 뒤에 있는 제인 아줌마는 연방 주변을 살피거나 먼 곳을 쳐다보면서 뭔가를 확인했다. 아이들이 만났던 사냥꾼 털보를 어디에서 어떻게 마주칠지 몰랐기 때문이다.

"아줌마, 바로 여기에요."

갈라진 바위 앞에 도착한 유리가 제인 아줌마를 향해 나지막하게 외쳤다. 제인 아줌마는 이미 알고 있었다는 듯 대답 대신 입에 집게손가락을 올려 입 단속을 시켰다.

"쉬이!"

아이들도 입에 손가락을 붙이면서 입을 다물었다. 그러자 자연스레 눈길이 용소 쪽으로 향했다. 용소 앞 너럭바위에는 이미 들개들이 몰려나와 놀고 있었다. 어제처럼 열한 마리였다. 동우는 오룡산 견공 관찰 일지를 꺼냈다. 제인 아줌마는 동우의 수첩을 보고는 빙긋 웃었다. 준모와 유리가 번갈아 가며 망원경으로 들개들을 관찰하기 시작했다.

제인 아줌마가 아이들에게 속삭였다.

"개들도 인간들처럼 성품이 있고 생각이 있는 거야."

"예……."

아이들은 들개들을 관찰하면서 고개를 끄덕였다.

"그러니까 저 열한 마리 개들도 각각 성품이 있고 생각도 각각 다르다는 거야. 예를 들면 저기 큰 개는 아줌마가 봐도 우두머리가 분명해 보여. 잘 살펴보면 저 개는 다른 개들과 어울리지 않고 뒤쪽에서 가만히 다른 개들이 노는 것을 지켜만 보고 있어. 그런 이유는 우두머리로서의 위엄을 보이고자 하는 것이겠지."

"……."

"그런데 저 가운데 알록달록한 개 좀 볼래?"

아이들은 제인 아줌마가 가리킨 개를 봤다. 유난히 점이 많아 알록달록하게 보였다. 우두머리보다는 적지만 그래도 제법 등이 높아 보였다.

"저 개는 뭐든 참견하기를 좋아하나 봐. 이 개 저 개 모조리 건드리고 다니잖아. 그러면서도 다른 개들이 화를 내면 한 발짝 뒤로 물러날 줄도 알고. 그렇다면 저 개는 장난치기를 좋아하면서도 온순한 성격을 가지고 있다고 봐야 해."

"아, 그렇군요."

동우가 가장 먼저 제인 아줌마의 말귀를 알아듣는 시늉을 했다. 유리가 망원경을 눈에 댄 채 킥킥거렸다.

"어머, 쟤들 좀 봐요. 서로서로 털을 골라주네요."

"털 고르기?"

준모가 유리의 말을 받았다. 제인 아줌마가 빙긋 웃으며 준모

말을 이어받았다.

"제인 구달이 곰베에서 침팬지들을 관찰할 때도 저런 모습들을 목격했었지. 침팬지들은 서로의 털을 골라 주는 것이 친밀감을 표현하는 방법이었거든."

"아, 네."

"개들도 마찬가지라고 보면 돼. 침팬지들처럼 친밀감을 표시하는 행위인데 저 녀석들은 더 나아가 진드기를 잡아 주기까지 하지. 들에서 살다 보니 진드기가 몸에 많이 붙어 있을 거야. 진드기는 피를 빨아먹고 사는 기생충인데 내버려 두면 개가 죽을 수도 있거든. 진드기를 떼어 내주면서 서로의 친밀감을 확인하는 거란다."

"네."

동우와 준모가 고개를 끄덕였다. 유리는 쿡쿡대며 한 마디 더 했다.

"맨날 티격태격 싸우는 우리 반 남자애들보다 나아요."

"너희도 위생이 불결해 몸에 이가 득실득실할 때였다면 쟤들처럼 저랬을지도 몰라."

"으으……."

유리는 온 몸에 이가 스렁스렁 기어 다니기라도 하는 듯 진저리

를 쳤다. 그때 망원경으로 들개들을 살피고 있던 준모가 나지막한 신음을 토해 냈다.

"아! 우리 옹구도 저랬었는데……."

"어렸을 때 잃어버렸던 너희 집 개, 옹구?"

동우가 물었다.

"응. 지금 저 우두머리가 자꾸 앞발로 귀를 툭툭 건드리고 있어. 습관처럼 하는 행동인 것 같아. 우리 옹구도 어렸을 때 귀를 다친 일이 있었는데, 귀에 딱지가 생기자 자꾸 앞발로 툭툭 치며 떼려고 했었거든. 그게 습관이 돼 버렸고……."

"그래, 습관이 될 수도 있겠다."

동우는 준모 말에 맞장구를 쳐 주었다. 준모는 한참을 망원경으로 우두머리 개를 관찰했다. 동우는 문득 궁금한 게 생각나 준모에게 물었다.

"준모야, 근데 옹구는 어떻게 잃어버렸어?"

"지금 시내에서 조금 떨어진 주택가에서 살았는데. 옹구가 자꾸 대문 밖을 향해 짖곤 했어. 그러자 동네 사람들이 시끄럽다고 자꾸 항의를 했었는데 어느 날 목줄이 풀리는 바람에 옹구가 열려진 대문 밖으로 도망쳐 버렸어. 그 뒤로 옹구가 돌아오지 않자 할아버지가 개장수에게 붙잡힌 것 같다고 말씀하셨어. 옹구가 나하고 가장 친했는데. 난 그때부터 성격이 좀 변했어. 친구들하고 말도 잘 안 하고 자주 혼자 중얼거리곤 했고."

"그랬구나."

동우와 유리가 준모 등을 쓸어내리며 위로했다. 잠자코 아이들의 말을 듣고 있던 제인 아줌마가 끼어들었다.

"잃어버린 개 이름이 '옹구'라고 했지?"

"네."

준모가 대답했다.

"왜 옹구라고 이름을 지었니?"

"크게 짖을 때 소리가 꼭 '옹구! 옹구!'라고 들렸거든요."

"그래? 흠, 좋다. 너희들 저 개들에게 각각의 이름을 지어 주는 게 어떻겠니?"

"이름이요?"

"그래! 제인 구달도 곰베에서 만난 침팬지들에게 저마다 이름을 붙여 줬거든. 이름을 붙여 줌으로써 모든 게 달라지거든. 한낱 들개가 아니라 친구가 되거나 한 식구가 되는 수도 있거든. 사람으로 말하면 인격체가 같은 동등한 존재가 되는 것이지. 어때?"

"좋아요!"

셋은 한목소리로 좋아하며 활짝 웃었다. 제일 먼저 유리가 장난을 치기 좋아하는 개 이름을 짓겠다고 나섰다.

"쟨 다른 개들을 집요하게 귀찮게 구니까 '찰거머리'가 어때?"

"이왕 지어 주는 김에 좋은 이름으로 지으면 안 될까?"

준모가 고개를 저었다. 유리가 입술로 풍선에서 바람 빠지는 소리를 내며 눈을 흘겼다. 준모가 다른 이름을 지었다.

"달마티안 어때?"

"그거 좋은데? 꼭 달마티안처럼 생겼잖아."

동우가 고개를 끄덕이며 맞장구를 쳤다. 제인 아줌마도 한 마디 거들었다.

"적절한 이름인 것 같구나. 하지만 '달마티안'이 개의 한 품종이란 걸 생각하기 바란다."

"네."

그렇게 해서 털이 알록달록하고 장난 걸기를 좋아하는 개의 이름이 '달마티안'으로 정해졌다. 나머지 개들의 이름도 하나하나 정해 갔다. 마지막 남은 우두머리 이름을 두고는 세 아이들이 한참을 티격태격했다.

"울프가 가장 멋지지 않아?"

동우는 우두머리가 늑대처럼 강인하게 느껴진다고 했다. 유리는 그냥 처음 불렀던 대로 우두머리로 부르자고 했다. 준모만 조금 엉뚱한 고집을 피웠다. 어렸을 때 잃어버렸던 '옹구'의 이름을 붙여 줬으면 좋겠다고 했다. 눈물까지 글썽이는 바람에 다른 아이들은 더는 고집을 부리지 못했다.

열한 마리 개들의 이름이 다 정해졌을 때였다.

"여기 어디쯤 숨어 있을 것 같은데 말이야!"

가까운 곳에서 사람들이 웅성거리는 소리가 들려왔다. 동우는 단박에 그 목소리가 털보 사냥꾼이란 것을 알았다. 제인 아줌마가 황급히 돌멩이를 주워 용소 쪽으로 던졌다. 난데없이 날아든 돌멩이에 놀란 들개들이 뿔뿔이 흩어졌다. 그러나 곧 옹구가 뛰어가는 쪽으로 머리를 돌려 달아나기 시작했다. 모두 옹구의 명령에 잘 훈련된 것처럼 보여졌다.

"엎드려!"

제인 아줌마가 다급하게 외쳤다. 아이들은 바닥에 납작 엎드려 숨을 죽였다. 곧이어 털보 사냥꾼이 엇비슷한 사람 둘과 함께 나타났다. 막대기로 비자나무숲 이곳저곳을 헤집고 다녔다. 들개들의 흔적을 찾는 것 같았다. 그러고는 용소를 한참이나 내려다보다가 등산로 쪽으로 사라졌다.

"휴우!"

모두들 안도의 한숨을 내쉬었다. 그로부터 한참이 지나서 제인 아줌마가 자리를 털고 일어섰다.

"내일 다시 오자꾸나."

"네, 일요일이니까 아침 일찍 올 수 있어요."

모두들 흔쾌히 대답을 했다. 제인 아줌마는 굽은 등을 흔들어대며 등산로 쪽으로 향했다. 가끔씩 턱을 앞쪽으로 쭉쭉 내밀며

휘파람을 불 때는 제인 아줌마가 침팬지처럼 보이기도 했다. 제인 아줌마가 랩을 부르기 시작했다.

> 너희들에게 이름을 붙여 준 건
> 부르기 좋으라고 붙여 준 게 아니야
> 이름처럼 살아가라 붙여 준 거지
> '동우'는 동물들과 친구가 되라는 뜻
> '준모'는 동물들의 엄마처럼 따뜻해야 해
> '유리'는 동물들의 반짝이는 거울이지
> 옹구 클럽 개들도 저마다 이름이 있지
> 우두머리 '옹구', 장난꾸러기 '달마티안'
> 새끼들을 푹신 껴안은 어미는 '솜이불'
> 솜이불 속에 안긴 '산', '들', '바람'
> 모두모두 이름처럼 살아갈 거야

제인 아줌마가 몸을 흔드는 대로 아이들도 비트 음을 뿜으며 흥을 돋웠다. 가사가 금방 입에 달라붙었다. 나중에는 제인 아줌마가 비트 음을 내고 아이들이 랩을 했다.

바위 틈새에 빠진 족발
• 침팬지는 인간처럼 도구를 사용할 수 있다 •

동우는 아침 일찍 눈을 떴다.

동사모 아이들과는 9시에 아파트 정문 앞에서 만나기로 했다. 더군다나 오늘은 하루 종일 개를 관찰하기로 했기 때문에 준비할 것이 많았다. 그래서 아침부터 부산을 떨었다.

"어디 가는 거니?"

엄마가 의아한 눈초리로 물었다. 동우는 아빠한테는 며칠 전에 털어놓았지만 엄마한테는 끝까지 비밀로 하고 싶었다. 선글라스 위원장을 추종하는 엄마가 동우를 가만 내버려 둘 리가 없었기 때문이다.

동우는 대충 얼버무렸다.

"친구들하고 체험학습 가기로 했어요."

"체험학습? 무슨?"

"그게……."

마땅한 이름이 생각나지 않아 뒷말을 흐리고 있을 때 아빠가 나서 줬다.

"당신은 동우 꿈이 뭔지나 알고 있는 거야?"

"동우 꿈이…… 음, 판사였지 아마."

"허! 이 사람이. 판사는 2학년 때 꿈이었고. 지금은 동물 행동학 박사가 되는 게 꿈이야."

"동물 행동학 박사? 처음 듣는 거네. 그나저나 그게 체험학습하고 무슨 상관이 있다는 거니?"

엄마가 동우에게 눈길을 돌렸다. 동우는 엄마 몰래 아빠한테 눈을 찡긋하며 곧장 대답했다.

"동물원에 가서 동물들의 행동을 관찰하는 과제를 해결하려고 해요."

"그래?"

엄마는 별 의심 없이 고개를 끄덕이며 하던 일을 계속했다. 동우는 안도의 한숨을 내쉬며 가방을 쌌다. 그러고는 아침밥을 몇

숟갈만 뜨고는 부리나케 밖으로 나갔다.

"위험한 동물들 조심해라!"

등 뒤에서 아빠 목소리가 들려왔다. 동우는 위험한 동물들이 사냥꾼이란 생각이 들자 쿡 어깨 웃음을 웃었다.

유리와 준모는 벌써부터 기다리고 있었다. 동우처럼 제법 큰 배낭을 메고 있었다. 준모가 아이들을 다그쳤다.

"빨리 옹구 클럽을 만나러 가자!"

"옹구 클럽이 뭐야?"

유리가 생소한 낱말이라는 듯 물었다.

"어제 제인 구달 아줌마가 들개들을 '옹구 클럽'이라고 했잖아. 우두머리인 '옹구'의 이름을 따서 무리의 이름을 지어 준 것 같아."

"그런 말도 했었어?"

동우와 유리는 놀라는 시늉을 하며 준모 얼굴을 봤다. 준모 얼굴에 여태 한 번도 보지 못했던 생기가 돌고 있었다. 동우는 어쩌면 준모가 오룡산 들개들의 우두머리를 옛날에 잃어버렸던 '옹구'로 여기고 있을 거라고 생각했다. 순전히 준모만의 바람이긴 하지만 동우도 우두머리가 진짜로 옹구였으면 하고 바랐다.

동사모 아이들은 곰베 동물 공원에 들르지 않고 곧장 약수터 쪽으로 향했다. 오늘이 지나면 다음 주부터는 시간이 좀처럼 나지 않을 것 같아서였다. 약수터에서 비자나무숲으로 막 들어섰을 때였다.

"이 녀석들, 또 만났네?"

불쑥 나타난 사람들이 앞을 가로막고 섰다. 털보 사냥꾼 일당이었다. 털보 뒤에는 두 명의 사냥꾼이 더 보였다. 털보 사냥꾼이 의심의 눈초리로 아이들을 쏘아봤다.

"너희, 왜 자꾸 산속을 돌아다니는 거냐?"

"아, 예……."

맨 앞에 있던 동우가 말을 더듬었다.

"우린 비자나무숲을 관찰하는 체험학습을 수행하고 있는 중입니다."

준모가 재빨리 대답했다. 기어들어 가는 소리로 겨우겨우 대답하는 평소의 준모와는 전혀 다른 모습이었다. 준모 대답을 듣고는 동우와 유리가 자연스럽게 옆에 있는 아름드리 비자나무를 쓸어 보거나 안아 보았다.

"그래? 흠! 그래도 여긴 굉장히 위험한 곳이란 말이야."

"전혀 위험하지 않던데요."

준모가 당당한 얼굴로 맞받아쳤다.

"이 녀석, 너희가 잘 몰라서 그래. 여기는 늑대처럼 커다란 들개들이 출몰하는 곳이라고."

"네에?"

동사모 아이들은 일부러 놀라는 척을 했다.

"혹시 말이야, 들개들을 보면 당장 아저씨한테 전화해야 해. 알았냐?"

"네."

준모는 털보가 불러 주는 전화번호를 스마트폰에 저장했다. 털보 사냥꾼 일당은 비자나무숲을 뒤지며 위쪽으로 올라갔다. 털보 일당이 보이지 않자 아이들은 깊은 숨을 내쉬며 가슴을 토닥였다. 그렇지만 어쩐지 털보 사냥꾼이 자신들의 뒤를 미행하는 것만 같아 불안감이 밀려왔다.

비가 오지 않은 탓인지 계곡물 흐르는 소리가 약했다. 동사모는 갈라진 바위에 자리를 잡고 배낭을 벗었다. 용소 쪽에는 아직 옹구 클

럽 개들이 나와 있지 않았다. 아이들은 배낭에서 준비해 온 것들을 주섬주섬 꺼냈다.

준모 앞에는 음식들이 잔뜩 놓여 있었다.

"와, 족발도 가져온 거야? 맛있겠다."

유리가 족발이 든 비닐 팩을 만지작거리며 입맛을 다셨다. 준모가 유리 손을 잡아 옮기며 말했다.

"이건, 옹구 거야. 우리 옹구가 집 나가기 전에 족발을 좋아했거든."

"뭐야, 옹구한테 내가 밀린 거야?"

유리가 가볍게 눈을 흘겼다. 그러고는 배낭에서 카메라를 꺼냈다. 집에서도 개들을 볼 수 있게 카메라에 담아 가겠다고 말했다. 스마트폰 카메라로는 개들이 희미하게 잡힌다고 아쉬워했던 참이었다.

동우가 싸 온 음식들을 챙겨 일어났다.

"개들이 나타나기 전에 음식을 갖다 놓자고."

"그래, 알았어."

애들은 각자 가져온 음식들을 챙겨 들고 벼랑길을 돌아 용소로 내려갔다. 그러고는 개들이 자주 뛰어 놀던 너럭바위에 뿌려 놓았다. 준모가 가져온 살이 제법 많이 붙은 족발도 보였다.

"됐어, 빨리 피하자."

동우는 아이들과 재빨리 갈라진 바위 위로 올라왔다.

아이들은 한참을 숨죽이며 용소 쪽을 지켜봤다. 옹구가 개들을 이끌고 와서 음식을 맛있게 먹는 그림이 자꾸 그려졌다. 절로 흐뭇해지는 상상이었다. 마치 친구를 위해 정성껏 준비한 음식을 친구가 세상에서 제일 맛있게 먹어 주는 상상 같은 거였다.

"온다!"

오룡산 견공 관찰 일지를 펼치던 동우가 낮게 외쳤다. 옹구가 열 마리의 개들을 이끌고 용소로 걸어 나왔다.

"잔뜩 굶었나 봐……. 배가 홀쭉한 것 좀 봐."

유리가 안타까운 목소리로 말했다. 동우와 준모는 옹구 클럽 개들을 유심히 살폈다. 유리 말대로 배가 등가죽에 붙은 듯 홀쭉해 보였다. 힘이 없는지 동작도 민첩하지 않았고 흐느적거리는 것 같았다.

옹구가 고개를 바짝 들고 코를 킁킁거렸다. 뒤따라오던 달마티안이 바닥에 코를 들이대더니 제자리에서 몇 바퀴 돌았다. 그러고는 한 발짝 한 발짝 앞으로 나갔다. 뒤를 따라 '엉금이'라고 이름 붙여준 차우차우가 달마티안 뒤를 바짝 따라갔다. 그 뒤를 나머지 개들도 킁킁대며 걸어갔다. 옹구와 엄마 개인 '솜이불'만 뒤

에서 앞의 개들을 지켜보고 있었다.

'으릉, 으르릉!'

느닷없이 달마티안과 엉금이가 머리를 맞대고 으르렁거렸다. 아이들은 고개를 쭉 빼고 옹구 클럽을 지켜봤다. 동우는 그 틈에도 관찰 일지에 그림을 그리느라 바빴다. 유리도 카메라 셔터를 연방 눌러 댔다. 용소 쪽까지 셔터 소리가 들리지 않아서 다행이었다.

"어? 어? 저거 봐."

유리가 카메라를 눈에서 떼며 앞을 가리켰다. 준모가 재빨리 망원경을 눈으로 가져가 개들을 살폈다. 달마티안과 엉금이가 족발을 두고 다투다가 커다란 족발 하나가 아래로 떼굴떼굴 굴러갔다. 끝내는 바위 틈새로 뚝 떨어져 사라져 버렸다.

"아, 안 돼!"

준모가 안타까운 탄식을 내뱉었다. 아무것도 모른 달마티안과 엉금이는 바위틈에 코를 대고 킁킁댔다.

"크앙…… 크앙!"

옹구가 고개를 하늘로 쳐들고 짖었다. 그러자 달마티안과 엉금이가 싸움을 멈추고 위로 올라왔다. 나머지 개들은 너럭바위에 놓인 음식을 가운데 놓고 안절부절못했다. 생각지도 못한 음식을 발견하고 적잖이 놀라는 눈치였다.

옹구가 코로 음식 냄새를 맡고 소시지 하나를 물고 물러섰다. 그제야 다른 개들도 음식을 입에 물고 허겁지겁 먹기 시작했다. 준모는 망원경으로 바위 틈새로 들어가 버린 족발을 찾았다. 희미하게 보이긴 했지만 개의 주둥이가 그곳까지 닿지는 않을 것 같았다.

"우리 옹구가 저 족발을 먹어야 하는데……."

준모는 울상인 얼굴로 안타까워했다. 나중에는 발을 동동 구르기까지 했다. 유리는 그런 준모가 어린애 같다며 핀잔을 주었다. 동우는 가만히 지켜보고 있다가 준모가 들고 있던 망원경을 건네받았다. 그러고는 바위 틈새로 빠진 족발을 살펴봤다.

동우가 준모에게 넌지시 위로의 말을 건넸다.

"준모야 너무 걱정 마. 뭔가 수가 있을 거야."

"무슨 수?"

"그러니까…… 그게…… 제인 아줌마한테 들었는데 잘 생각이 안 나네."

"……."

준모는 다시 시무룩해져서 말을 잃었다. 덩달아 동우와 유리도 입을 다물었다. 할 말이 없어지니 자연스레 눈길이 용소 쪽으로 돌아갔다. 개들은 모처럼 배를 실컷 채우고도 모자란 듯 음식이

놓였던 자리를 혀로 싹싹 핥았다. 어미 개인 솜이불은 편안한 자세로 엎드려 있었다. 강아지인 산, 들, 바람이 솜이불 젖가슴 앞에 나란히 엎드렸다.

달마티안과 엉금이만 족발이 들어간 바위틈 앞을 서성거렸다. 입이 제법 긴 달마티안이 바위틈으로 주둥이를 넣었다 뺐다 했다. 옹구는 그런 달마티안과 엉금이를 가만히 지켜만 보고 있었다.

보다 못한 유리가 말을 꺼냈다.

"쟤들을 다른 데로 잠깐 쫓아 볼까? 그 틈에 족발을 꺼내 주면 되잖아."

"안 돼. 그랬다간 두 번 다시 옹구 클럽을 보지 못할 수도 있어."

동우가 고개를 살래살래 흔들었다. 준모는 아무 대답도 하지 않고 입을 꾹 다물고 있었다. 어느새 해가 머리 위를 지나가고 있었다. 배에서 배곯는 소리가 꼬르륵꼬르륵 났다. 세 아이들은 마침 잘 됐다는 듯 도시락을 꺼냈다. 그러고는 점심을 먹기 시작했다.

준모는 점심을 먹는 둥 마는 둥했다. 동우와 유리는 꿀맛 같은 점심을 먹으면서도 맛있다는 말을 하지 못했다. 유리는 다 먹은 도시락을 정리하고 난 뒤 뒤로 벌러덩 누웠다. 동우도 잠깐 드러누워 하늘을 봤다. 우거진 비자나무 가지 사이로 햇살 몇 줄기가 들어왔다.

그때였다.

"어? 어? 저것 봐."

준모가 망원경을 눈에 댄 채로 용소 쪽을 가리켰다.

"와아, 신기하다!"

옹구가 바위틈에 들어가 있었던 족발을 뜯고 있었다. 귀신이 곡할 노릇이었다. 달마티안과 엉금이가 곁에서 앞발을 들었다 내렸다 하는 게 먹고 싶어 안달이 난 모습 같았다.

준모는 들뜬 목소리로 자꾸 물었다.

"저게 어떻게 된 것이지?"

"가만!"

동우가 손을 내저으며 바위 틈새를 뚫어져라 살폈다. 그러더니

화들짝 놀란 목소리로 말했다.

"생각났다! 바로 저거였어."

"뭔데?"

동우는 궁금해 하는 준모에게 망원경을 건네 줬다.

"바위 틈새 앞에 있는 나뭇가지를 좀 봐. 그전에는 없었던 나뭇가지야."

"진짜 그러네?"

"바로 그거라고. **침팬지도 인간처럼 도구를 사용할 줄 안다는 사실을** 책에서 읽은 기억이 나."

동우는 아이들에게 도구를 사용한 침팬지의 예를 생각나는 대로 이야기해 줬다. 곰베의 침팬지들은 흰개미를 사냥하는 데 기다란 막대기를 사용했다. 개미굴에 손이 닿지 않을 때는 막대기를 구멍에 넣어 두었다가 막대기에 달라붙은 흰개미들을 잡아먹었다. 뿐만 아니라 침팬지는 화가 나면 막대기나 돌을 집어던지기도 했다.

침팬지처럼 옹구가 막대기를 물고는 바위틈으로 들어간 족발을 조금 널찍한 곳으로 옮긴 듯했다. 그 다음에 주둥이가 긴 달마티안이 족발을 물어서 밖으로 꺼낸 게 분명했다.

옹구가 족발을 먹고 다른 개들에게 넘겼다. 서열이 높은 순서대로 족발을 먹는 듯 보였다. 솜이불에서 달마티안으로 넘어가고 엉금이게 갔다가 나중에는 강아지 산, 들, 바람이 족발을 물고 빨며 장난감처럼 굴리고 다녔다.

동우는 수첩에다 옹구가 나뭇가지를 사용하는 장면을 그렸다. 그리고 족발을 서열대로 먹는 장면도 그렸다. 족발을 물고 있는 개가 으르렁거리는 것도 눈치껏 그려 넣었다.

해가 서쪽으로 넘어가는지 비자나무의 그림자가 조금씩 늘어지기 시작했다. 아이들은 서둘러 짐을 정리했다. 짐을 정리하면서도 머릿속에는 옹구 클럽 개들이 동물이 아닌 사람, 아니 학교 친구들이나 마찬가지라는 생각이 끊임없이 들었다. 어쩌면 사람들의 위협으로부터 벗어나게 되면 축구공을 가지고 옹구 클럽과 축구 대결을 펼칠 수 있을 것 같았다.

외눈박이 클럽

• 동물도 문제를 논리적으로 이성적으로 이해하고 해결할 수 있다 •

여름 방학이 시작됐다.

스카이캐슬 아파트는 아침부터 소란스러웠다. 선글라스 위원장이 칼칼한 목소리로 안내 방송을 했다.

"여러분도 잘 아시겠지만 그간 들개들의 출몰로 인해 우리 스카이캐슬에 위기가 닥쳤습니다. 명품 아파트로 도약하기 위해 애쓴 보람도 없이 들개들이 나타나 순식간에 허물어뜨려 버린 것이죠. 이에 본인을 포함한 아파트 자치 위원회가 적극적으로 나선 결과 119 동물 구조대가 오룡산으로 몇 번이나 출동했습니다. 그러나 영악한 들개들이 끝내 한 마리도 잡히지 않았습니다. 이에 본인이

구청에 강력하게 항의하여 오룡산 일대의 들개들을 한시적으로 유해 동물로 지정을 받았습니다. 여름 방학을 맞은 아이들은 들개들의 위협으로부터 보호하고자 엽사들을 고용해 적극 소탕 작전에 돌입하기로 했습니다. 그러니 스카이캐슬 입주민들은 안심하시고 외출을 해도 무방하겠습니다. 저를 비롯한 우리 자치 위원회 임원들은 불철주야 스카이캐슬을 명품 아파트로 등극시키기 위해 노력할 것을 약속드립니다."

동우 엄마는 일부러 텔레비전을 끄고 안내 방송을 들었다. 선글라스 위원장의 '명품 아파트'라는 말이 나올 때마다 엄마는 박수를 치며 호응했다. 아빠는 동우 귀에다 입술을 바짝 붙이고 엄마 흉을 봤다.

"아파트만 명품이면 뭐하겠니? 사람이 명품이어야지."

"아빠, 그건 맞아요. 개들을 버릴 땐 언제고 들개로 몰아붙인 것도 모자라 유해 동물로 지정해 사살한다는 게 말이 돼요?"

"그러게 말이다."

아빠는 깊은 한숨을 내쉬었다. 그렇다고 나서서 항의할 수도 없었다. 엄마가 아파트 자치 위원회 부위원장인데다 이 모든 게 우리 모두를 위한 것이라는 논리에는 마땅히 대응할 수가 없었기 때문이다.

동우는 답답한 마음을 풀기 위해 곰베 동물 공원에 다녀오기로 했다. 아파트 정문을 나서는데 비비탄 총을 든 아이들이 한데 모여 놀고 있었다. 들개들이 아파트 주변에 나타나면 비비탄을 쏘아 물리칠 거라는 소리가 들려왔다. 동우는 아이들까지 동물을 물리쳐야 할 적으로 몰아간 선글라스 위원장이 밉고 화가 났다.

"동우 너, 마침 잘 왔다."

제인 아줌마가 다급한 목소리로 동우를 맞았다.

"무슨 일 생겼어요?"

"옹구 클럽 말고 다른 개 무리들이 생긴 것 같더구나."

"네에?"

"며칠 전부터 덩치 큰 개들 대여섯 마리가 자꾸 산을 오르락내리락 하더구나. 옹구 클럽 개들에게 큰 위험이 닥칠 수도 있겠다는 생각이 들어서 한 며칠 불안했던 참이었다."

"정말요?"

동우는 깜짝 놀라 눈을 동그랗게 떴다. 곧바로 동사모 아이들에게 긴급 알림 문자를 보냈다. 문자를 보낸 지 얼마 안 돼서 유리와 준모가 헐레벌떡 달려왔다. 유리는 오전에 가야 할 학원을 빼먹고 왔다며 투덜거렸다.

제인 아줌마가 서둘러 앞장섰다.

"어서 따라 오너라. 자세한 얘기는 가면서 하자꾸나."

"네."

동사모 아이들은 제인 아줌마를 따라 산으로 오르기 시작했다. 동우는 선글라스 위원장의 안내 방송 얘기를 해 줬다. 모두들 부르르 떨며 분통을 터트렸다. 제인 아줌마는 들릴 듯 말 듯한 랩을 수없이 반복하며 산을 올랐다.

"오! 오! 엎친 데 덮친 격이 돼 버렸어!"

한참 뒤에 제인 아줌마는 최근 오룡산에 나타난 다른 개 무리들에 대해서 이야기했다. 동우뿐만 아니라 준모와 유리도 겁에 질려 발발 떨었다. 이제는 사냥꾼뿐만 아니라 덩치 큰 개들의 위협까지 걱정하게 생겼다.

모두 평소보다 긴장한 채 갈라진 바위 앞으로 다가갔다.

"크앙!"

"으르르르! 크아앙!"

도착하자마자 용소 쪽에서 개들이 으르렁거리는 소리가 들려왔다. 갈라진 바위 사이로 고개를 내민 모두가 하마터면 비명을 지를 뻔했다.

"외눈박이 클럽 개들이다!"

제인 아줌마가 외쳤다. 덩치 큰 개들의 우두머리가 한쪽 눈이

감긴 걸 보고 급히 정한 이름이었다.

옹구와 외눈박이가 이빨을 드러내 놓고 대치하고 있었다.

솜이불 곁에 딱 달라붙은 강아지들이 바들바들 떨고 있었고, 달마티안과 엉금이 같은 그나마 큰 개들은 옹구 뒤에 버티고 서 있었다.

유리가 발을 동동 구르며 소리쳤다.

"어, 어떡해요? 우리가 내려가서 외눈박이 클럽 개들을 쫓아 버려요."

"그렇게 해요, 아줌마!"

준모도 유리랑 같은 의견을 냈다. 동우는 입을 꾹 다문 채로 지

켜만 봤다. 제인 아줌마가 고개를 저으며 말했다.

"동물들의 세력 다툼에 절대 인간들이 개입해서는 안 돼!"

"옹구가 다칠 수도 있는데요?"

준모가 울먹이며 원망스럽게 말했다. 제인 아줌마가 준모의 등을 쓸어 주며 대답했다.

"그건 아무도 모를 일이다. 동물도 문제가 발생하면 논리적이고 이성적으로 해결할 수 있는 능력이 있으니까 가만히 지켜보는 게 좋겠구나."

"……."

준모는 더는 따지지 못하고 옹구를 지켜봤다. 그 사이 옹구와 외눈박이가 어깨를 잔뜩 웅크리며 낮은 자세로 앞으로 나아갔다. 둘 다 꼬리가 위로 바짝 올라갔고, 허연 이빨은 더 날카롭게 드러나 있었다. 외눈박이 뒤에 있는 개들도 외눈박이를 바짝 따라붙어서 으르렁거렸다.

그때 달마티안이 갑자기 깨갱 울부짖으며 엎드려 한 바퀴 굴렀다. 외눈박이의 시선이 잠깐 달마티안에게 돌아갔다. 때를 기다렸다는 듯 옹구가 번쩍 위로 치솟았다가 재빠르게 외눈박이의 발목을 물고 흔들었다.

"깽!"

외눈박이가 나뒹굴며 울었다. 옹구도 외눈박이 발목을 물고 늘어지며 함께 나뒹굴었다. 외눈박이 뒤에 있던 개들이 뒤로 엉금엉금 물러났다. 달마티안이 벌떡 일어나 앞으로 나가며 짖어 댔다. 그러자 옹구 클럽 모두가 한꺼번에 짖으며 앞으로 나갔다.

외눈박이가 꼬리를 엉덩이 사이에 감추고는 줄행랑을 쳤다. 외눈박이 뒤로 다른 개들도 달아났다. 옹구가 달아나고 있는 외눈박이 클럽을 향해 컹컹 짖어 댔다. 동사모는 주먹을 번쩍 올리며 좋아했다. 준모는 눈물을 글썽이며 동우 팔을 붙잡고 펄쩍펄쩍 뛰었다.

"어? 저기 좀 봐요."

유리가 비탈진 산 쪽을 가리켰다. 외눈박이 클럽 개들이 도망가지 않고 서성이고 있었다. 모두 다 꼬리를 엉덩이 쪽에 바짝 붙이고 고개를 수그린 모습이었다. 그러자 옹구가 허리를 높이며 고개를 하늘로 치켜 올렸다. 마치 늑대라도 되는 듯 "우우" 짖었다. 얼마 지나지 않아 외눈박이 클럽 개들이 살금살금 옹구 클럽 개들 쪽으로 걸어왔다. 나중에는 누구인지 구분이 되지 않을 정도로 뒤엉켜 함께 뛰어놀았다.

제인 아줌마가 손으로 턱을 괴며 흐뭇해했다.

"거 봐라. 아무도 모를 일이라고 그랬지? 지금 옹구가 외눈박이를 굴복시켜 자신들의 무리로 끌어들인 것 같구나. 우리가 잘 알아들을 수는 없지만 저희끼리 뭔가 협상을 하고 합의를 한 것 같아 보여."

"정말 그런 것 같아요. 외눈박이 좀 보세요."

동우가 외눈박이를 가리켰다. 외눈박이는 옹구 옆에서 서성였다. 옹구가 자신 다음의 서열에 외눈박이를 둔 것처럼 보였다. 다른 옹구 클럽 개들도 불만이 없는 듯 뛰어노는 데만 정신이 팔려 있었다.

제인 아줌마가 불안한 눈으로 말했다.

"조금 걱정이 되긴 하구나."

"왜요?"

동우가 이유를 물었다.

"무리의 수가 열대여섯 마리로 늘어나 버렸잖니? 저러면 사냥꾼에게 노출될 위험이 커질 수밖에 없어."

"그렇군요."

동우도 걱정스러운 눈으로 개들을 지켜봤다. 제인 아줌마는 동우 등을 토닥여 주며 큰 걱정은 하지 말라고 했다. 옹구가 슬기롭게 대처해 나갈 것이라며 안심을 시켜 줬다. 동사모 아이들은 한숨을 돌리고 난 뒤 새로 합류한 개들의 이름을 지었다.

제인 아줌마는 동사모 아이들을 데리고 비자나무숲을 빠져나왔다. 개들이 짖는 소리를 혹시 사냥꾼들이 들었을까 봐 걱정이 된 탓이었다. 다행히 사냥꾼들은 보이지 않았다.

제인 아줌마가 흥미로운 얘기를 꺼냈다. 바로 제인 구달이 곰베에서 겪었던 '침팬지들의 4년 전쟁'에 관한 이야기였다. 집단에서 이탈하여 새로운 집단을 만든 침팬지들과 남은 침팬지들이 벌이는 전쟁이었다. 상대를 잔인하게 죽이는 것도 모자라 암컷의 새끼까지 잡아먹는 일도 벌어졌다고 했다. 동사모 아이들은 소름이 끼치는 듯 몸을 으스스 떨었다.

"다행이에요, 우리 옹구가 다툼으로 다치지 않아서요."

준모가 입가에 미소를 머금고 좋아했다. 제인 아줌마는 그런 준모에게 힘이 되는 말을 한 마디 더했다.

"옹구가 보통이 아니더구나. 달마티안과 미리 짠 듯한 느낌이 들지 않았니? 미리 옹구가 달마티안이나 다른 개들을 훈련시킨 듯 보였다니까. 그 덩치 큰 외눈박이 클럽 개들을 단숨에 굴복시키는 것 봐라. 아주 굉장했다니까!"

"맞아요!"

준모는 마치 옹구가 잃어버린 진짜 옹구라도 되는 듯 기뻐했다.

곰베 동물 공원에 도착해서 잠깐 숨을 돌리고 있을 때였다. 느닷없이 털보 사냥꾼 일행이 들이닥쳤다. 털보 뒤에 선글라스 위원장도 보였다. 위원장은 동우를 알아보고 아는 체를 했다.

"너, 부위원장 박 대표 아들 아니냐?"

"맞아요."

동우가 눈을 부릅뜨며 대답했다. 아파트 아침 방송과 함께 비비탄 총을 든 아이들이 생각났기 때문이다. 선글라스 위원장이 뜨악한 표정을 짓더니 제인 아줌마에게 고개를 돌렸다.

"혹시 들개들이 짖는 소리 못 들었소?"

"개들이야 저희 집에도 많이 있는지라…… 딱히 다른 개들 짖는 소리가 들려야지요."

제인 아줌마가 마당에 엎어져 졸고 있는 늙은 개 껑껑이를 가리키며 대답했다. 선글라스 위원장은 그제야 마당을 빙 둘러봤다. 놀란 듯 손끝으로 선글라스를 연방 들어올리기를 반복했다. 온갖 동물들이 자유롭게 뛰어놀고 있는 게 이상할 법도 했다.

"허어, 거 참. 아무튼 들개들을 목격하면 즉각 연락을 주십시오."

선글라스 위원장이 털보에게 눈짓을 했다. 털보가 명함을 꺼내서 제인 아줌마에게 건넸다.

"아, 예."

제인 아줌마가 건성으로 대답했다. 선글라스 위원장은 사냥꾼들을 데리고 약수터 쪽으로 다시 올라갔다.

"우리 옹구 클럽 개들이 괜찮을까요?"

준모가 사냥꾼들이 사라진 등산로를 바라보며 말했다.

"너무 걱정하지 말자. 봤잖니? 옹구가 얼마나 대단한지."

"예."

준모는 기어가는 목소리로 겨우 대답했다. 그러나 불안함을 떨쳐버리지 못한 듯 신발로 흙바닥을 툭툭 찼다.

[마른하늘의 날벼락]
• 동물도 혈육이 아닌 동물을 입양해 기운다 •

"동우 너, 잠깐 이리 와 봐."

아침 일찍 곰베 동물 공원에 가려는 동우를 엄마가 불러 세웠다.

"왜요?"

"요즘 곰베에 자주 간다며?"

"네. 아빠하고 엄마하고 이미 허락하신 거잖아요."

"그건 아는데……. 우리 아파트에 출몰하는 들개들이 오룡산 어딘가에 숨어 있다는 거 모르니? 오다가다 물리기라도 하면 어쩌려고 거기에 자주 가는 거니?"

"엄마가 걱정하는 그런 개들이 아니니까 걱정하지 마세요."

"뭐?"

엄마가 뜨악한 얼굴로 동우를 쏘아봤다. 의심의 눈초리가 역력했다. 동우는 재빨리 둘러댔다.

"제인 아줌마가 그러는데 들개들 중에는 사람들이 키우다 버린 반려견들이 많대요."

"얘가 통 뭘 모르네! 아무튼 오늘은 그 침팬지 아줌마 집 밖으로는 절대 나가지 마. 알았지?"

"왜요, 엄마?"

"그건 알 거 없고. 아무튼 위험한 일이 벌어질 수가 있으니까 엄마 말 명심해."

"네."

동우는 시큰둥하게 대답하고 나서 곰베 동물 공원으로 달려갔다. 웬일로 준모가 일찍 와서 동우를 기다리고 있었다.

"왜 이리 늦은 거야? 엄청 기다렸는데, 빨리 좀 오지."

준모가 어울리지 않게 호들갑스럽게 말했다. 그러면서도 낯빛에는 걱정스럽다는 표시가 묻어났다.

"너, 뭔 일 있지?"

"응."

"뭐야? 빨리 말해 봐."

"어젯밤 꿈이 너무 무서워서 집에 있을 수가 없었어."

"무슨 꿈인데 그래?"

"……."

"빨리!"

동우가 준모를 다그치자 암탉이 낳은 알을 가지고 오던 제인 아줌마가 대신 대답했다.

"개꿈은 아닌 것 같더라. 오늘은 뭔가 수를 내야겠다는 생각이 든다."

"네?"

동우는 준모를 흘겨보며 대답을 다그쳤다. 준모가 입술을 바르르 떨면서 꿈 얘기를 했다. 털보 사냥꾼이 옹구 클럽을 급습해 총질을 하는 꿈을 꾸었다는 것이다. 총에 맞은 개가 옹구인지 외눈박이인지는 구분이 가지 않았지만 너무 슬프고 가슴이 아파서 펑펑 울다가 잠에서 깼다고 했다.

"아이, 그거 개꿈이야! 개꿈!"

동우가 일부러 큰 소리로 요란을 떨었다. 아무리 그래도 준모 얼굴이 펴지지 않았다. 제인 아줌마가 진지한 얼굴로 말했다.

"동물들의 일에 절대 끼어들지 말아야 하는데, 사람들이 나를 끼어들게 만드는 바람에 어쩔 수가 없구나. 아무래도 옹구 클럽 개들을 우리 곰베 동물 공원으로 데리고 오는 게 안전하다는 생각이 들어."

"그게 가능해요?"

동우와 준모가 한목소리로 물었다.

"내게 방법이 있다. 저기 고라니 한 마리 보이지?"

"네, 겁쟁이 왕방울이오."

동우가 다리를 살짝 저는 고라니에게 이름을 붙여 줬었다. 제인 아줌마는 다리를 다쳐 무리에서 떨어져 나간 고라니를 데리고 올

때 썼던 방법이 있다고 했다. 먹이를 이용해 서서히 끌고 오는 방법이었다. 개들에게도 먹힐지는 확신할 수 없지만 하는 데까지는 해 보자고 했다.

그때였다.

"탕! 타앙!"

약수터 쪽에서 총소리가 났다. 제인 아줌마는 소스라치게 놀라 들고 있던 계란을 떨어뜨렸다. 오룡산은 등산객이 자주 오가는 곳이라 아무나 총을 쏠 수가 없었다. 십중팔구 털보 사냥꾼 일당의 짓이 분명했다.

"아, 아줌마……."

준모가 발발 떨며 제인 아줌마의 팔을 붙들었다. 제인 아줌마는 동우와 준모를 데리고 약수터 쪽으로 달려갔다. 얼마 가지 않았는데 위에서 웅성거리는 소리가 들려왔다. 곧이어 털보 사냥꾼 일당이 산을 내려오는 게 보였다. 그중 한 명이 커다란 포대를 등에 메고 있었다. 포대 아래에는 빨간 핏자국이 선연했다.

제인 아줌마가 사냥꾼 앞을 가로막고 소리쳤다.

"그, 그게 뭡니까?"

"골칫거리 들개 한 마리를 잡은 건데. 왜 그러시나?"

"어디에서요?"

"약수터에 출몰한 것을 우리가 발견한 거지. 어서 비키쇼!"

털보가 어깨에 메고 있던 총 가방을 휘휘 저으며 물리쳤다. 준모는 그 자리에서 털썩 주저앉아 버렸다. 제인 아줌마라고 털보 사냥꾼 일당을 막을 수는 없었다. 그렇다고 포대를 열어 안에 든 개를 확인할 수도 없었다. 멍하니 사냥꾼들이 내려가는 모습을 지켜볼 수밖에 없었다.

"제인 아줌마, 흑흑! 우리 옹구 어떡하면 좋아요."

준모는 총에 맞은 개가 옹구라고 믿고 있었다. 제인 아줌마는 사냥꾼들의 뒷모습이 사라지자 곧바로 용소 쪽으로 달려갔다. 동우도 준모를 일으켜 세워서 뒤를 따랐다. 아니나 다를까 용소의 너럭바위에는 개들이 보이지 않았다. 제인 아줌마는 아직 정확한 상황이 파악될 때까지 기다려 보자고 했다.

갈라진 바위에서 옹구 클럽 개들이 나타나기를 기다리고 있을 때였다.

"아이, 참. 같이 가자고 해 놓고는!"

유리가 숨을 헐떡이며 다가왔다. 손에는 카메라를 들고 있었다. 유리는 애들을 보자마자 카메라를 내밀며 호들갑을 떨었다.

"내가 뭘 찍었는지 알아?"

"쉬이! 조용……. 털보 사냥꾼들을 찍었겠지."

"와! 아줌마, 그걸 어떻게 알았어요?"

유리가 제인 아줌마를 똑바로 쳐다보며 물었다.

"조용하라니깐!"

동우가 제인 아줌마 대신 대답을 해 줬다.

유리는 준모 손을 꼭 쥐며 나쁜 상상을 절대 하지 말라고 얼렀다. 준모도 나쁜 상상이 현실이 될까 봐 이를 악물고 꾹꾹 참았다.

한참이 지났을 때였다.

"개들이 나오고 있어요."

동우가 아래를 내려다보며 중얼거렸다. 준모는 고개를 쭉 내밀고 옹구부터 찾았다.

"안 보여."

"하나 둘 셋…… 열다섯……."

유리는 개들이 보이는 대로 숫자를 셌다. 한 마리가 부족했다. 준모는 얼굴을 감싸며 흐느꼈다. 틀림없이 옹구가 보이지 않았다. 제인 아줌마가 준모를 안아 주며 말했다.

"한 시간만 더 기다려 보자. 그때까지 나타나지 않으면 동우네 아파트로 가서 직접 확인해 보는 수밖에 없겠구나."

"……."

준모는 고개만 끄덕거렸다. 동우와 유리는 준모를 측은한 눈빛으로 바라봤다. 어렸을 적에 준모가 얼마나 옹구를 사랑했는지 짐작할 수 있었기 때문이다. 한편으로는 털보 사냥꾼이 잡아간 개가 옹구가 아니었으면 하는 마음이 간절했다.

한 시간이 거의 지나갈 때였다. 동물들의 움직임을 살피며 관찰 일지에 기록하던 동우가 고개를 갸우뚱했다.

"외눈박이의 행동이 뭔가 좀 이상해요."

"어디 보자꾸나."

제인 아줌마가 고개를 내밀고 외눈박이를 지켜봤다. 옹구와 함께 뒤쪽에서 뛰어 노는 개들을 지켜보던 때와 달리 오늘은 강아지들 주변을 맴돌고 있었다. 산, 들, 바람을 앞발로 툭툭 건드려 보기도 하고 드문드문 허연 이빨을 드러내 놓고 으르렁거리기도 했다. 그때마다 강아지들은 어미 개인 솜이불 품속으로 숨었다.

유리가 카메라 셔터를 누르면서도 걱정했다.

"외눈박이가 옹구 없는 틈을 타서 새끼들에게 복수하는 거 아니에요?"

"복수? 그럼, 죽일 수도 있다는 건데."

준모가 치를 떨면서 고개를 아래로 떨궜다. 제인 아줌마가 고개를 저으며 조심스럽게 대답했다.

"꼭 그런 것만은 아니야. 조금만 더 지켜보면 알 수도 있을 거야. **동물도 사람처럼 동정심이 있단다. 심지어는 어미가 죽으면 새끼를 입양해서 잘 키우는 동물도 있지.**"

"곰베의 침팬지들 이야기죠?"

"그래, 제인 구달이 쓴 《희망의 이유》를 보면 아주 소상하게 기록돼 있어. 제인 구달이 아프리카 곰베에서 침팬지들과 살다시피 하면서 관찰하고 기록한 글이란다."

"네."

동사모 아이들은 고개를 끄덕이며 좀 더 관찰해 보기로 했다.

 얼마 되지 않아 다시 외눈박이가 솜이불 곁으로 다가왔다. 솜이불이 발딱 일어서서 바짝 경계를 하였다. 그러자 외눈박이가 바닥에 엎드리며 머리를 바닥에 댔다. 꼬리는 살랑살랑 흔들고 있었다. 그제야 솜이불이 경계를 풀고 외눈박이처럼 바닥에 엎드렸다. 외눈박이가 슬그머니 일어나더니 강아지 산, 들, 바람을 혀로 털을 핥아 줬다. 강아지들도 외눈박이를 마치 아빠인 옹구 대하듯 가만히 몸을 내줬다. 나중에는 달마티안이 다가와 강아지와 솜이불을 혀로 핥아 주거나 이빨로 털 사이의 진드기를 잡아 주었다. 다른 개들도 달마티안의 행동을 따라했다.
 "아……."
 준모가 감탄을 하며 훌쩍거렸다. 펜을 쥔 동우의 손은 하나라도 더 기록하려고 바빴다. 유리도 연거푸 카메라 셔터를 눌러 대며 감탄사를 연발했다.

"더 이상 기다릴 필요가 없겠어."

제인 아줌마가 발딱 일어섰다. 동사모 아이들도 짐들을 챙겼다. 믿고 싶지 않지만 털보 사냥꾼에게 붙잡혀 간 개가 옹구가 틀림없다는 판단을 내렸다. 한 시가 급해졌다. 제인 아줌마가 비자나무숲을 빠져나와 아래로 뛰어갔다. 동사모도 뒤를 따라 달려갔다. 옹구가 무사하기만을 바라고 또 바랐다.

"옹구야, 제발 무사해야 해!"

준모는 뛰면서도 계속 눈물을 훔쳤다.

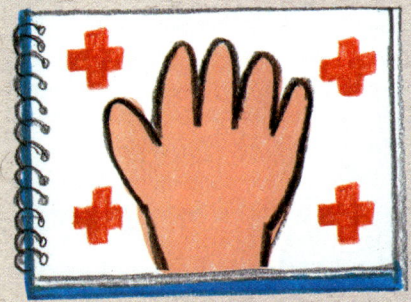

함부로 죽일 권한이 있나요?
•인간도 동물 사회의 일원이다•

아파트 관리 사무소 앞에 사람들이 웅성거리고 서 있었다.

제인 아줌마는 사람들 사이를 비집고 앞으로 갔다. 동사모 아이들도 뒤를 따라 앞으로 나갔다.

"헉!"

제인 아줌마가 비명을 질렀다. 바닥에 옹구가 나뒹굴 듯 쓰러져 있었다. 앞 다리에 총상을 입은 듯 피가 흐르고 있었고, 입에는 재갈처럼 막대기를 물고 있었다. 입가로 거품 같은 침이 계속 흘러내렸다.

"옹구야!"

준모가 누워 있는 옹구에게 달려들었다. 선글라스 위원장이 기겁을 하며 준모를 틀어잡았다. 준모는 발버둥을 치며 울었다. 사람들은 영문을 모르겠다는 듯 어리둥절했다. 선글라스 위원장 옆에 있던 동우 엄마가 깜짝 놀라 소리쳤다.

"양동우, 너 여기 무슨 일이야?"

"저, 저……."

동우는 쓰러져 있는 옹구를 가리키며 뒷말을 잇지 못했다. 그러자 제인 아줌마가 선글라스 위원장에게 달려들 듯 항의를 했다.

"도대체 이게 무슨 야만적인 짓입니까?"

"당신 누구야? 당신, 오룡산 그 곰…… 뭣이냐?"

"네, 곰베 동물 공원 지킴이입니다."

제인 아줌마가 가슴을 쭉 내밀고 한 발짝 앞으로 나섰다. 선글라스 위원장은 어이가 없는 눈초리로 쏘아봤다. 그러고는 대뜸 반말을 하며 제인 아줌마의 어깨를 툭 쳤다.

"당신이 상관할 일이 아니니까 저리 비키세요!"

"왜 상관을 못합니까? 오룡산에 사는 모든 동물들은 제 식구나 마찬가지인데요."

"뭐? 식구?"

"예! 이 개도 다 제 식구입니다."

"이런 미친!"

선글라스 위원장은 말문이 막혀 말을 잇지 못했다. 제인 아줌마는 기회다 싶어서 목소리를 높였다.

"그런데 누구의 허락을 받고 이 개에게 함부로 총을 겨누신 겁니까?"

"누구긴 누구야! 구청이 유해 동물로 지정했다니까."

"거짓말 하지 마십시오."

"뭐?"

"네! 제가 방금 전에 구청에 알아봤는데 들개들을 유해 동물로 지정하지 않았다고 합니다. 대체 어떻게 된 겁니까?"

"이……."

선글라스 위원장의 얼굴이 금세 붉어졌다. 아파트 사람들이 웅성거리기 시작했다. 준모 엄마가 선글라스 위원장에게 다시 한 번 사실을 확인했다. 선글라스 위원장은 화를 버럭 내며 길길이 날뛰었다.

그때였다. 준모가 갑자기 옹구한테 달려들었다. 옆에 있던 털보 사냥꾼이 붙잡을 틈도 없었다. 준모는 재갈이 물려서 숨을 헐떡이는 옹구를 꽉 껴안았다. 옹구 입가로 낑낑거리는 소리가 새어 나왔다. 제인 아줌마가 달려들어 옹구에게 물린 막대기를 힘껏 잡아채 빼 버렸다. 그러고는 옷단을 북북 찢어서 피를 흘리고 있는 옹구의 다리를 칭칭 싸맸다.

준모가 옹구의 뺨을 비볐다.

"옹구야! 옹구야, 정신 차려. 응? 응?"

"낑……."

옹구가 가느다란 신음을 내뱉었다.

선글라스 위원장이 소리를 바락 지르며 제인 아줌마에게 달려들었다.

"당신이 우리 아파트 값 떨어지면 책임질 거야? 엉?"

"……."

"명품 아파트에 들개가 출몰해서는 안 되지!"

아파트 사람들도 눈을 치켜세우며 앞으로 나섰다. 제인 아줌마가 고개를 세차게 흔들고 나서 소리쳤다.

"잠깐만요! 여러분들이 잘못 알고 있는 사실이 있습니다. 들개들이라고 여기는 개들은 전혀 위험하지 않습니다. 대부분은 사람들이 버린 반려견이고 오갈 데가 없어서 모여서 살고 있는 것뿐입니다. 저희가 모은 증거를 보고 판단을 해 주시기 바랍니다. 그리고 어느 누구도 동물을 함부로 죽일 권한이 없다는 것을 기억해 주십시오."

"……."

동우와 유리가 앞으로 나왔다. 그러고는 동우는 '오룡산 견공 관찰 일지'를 앞으로 내밀었고, 유리는 지금껏 옹구 클럽 개들을

찍은 카메라를 앞으로 내밀었다. 그러자 동우 엄마가 먼저 동우의 수첩을 낚아채서 살펴보기 시작했다.

다른 주민들도 유리의 카메라를 뒤져 보기 시작했다. 유리는 스마트폰까지 내밀었다. 스마트폰 안에는 옹구 클럽 개들의 동영상이 저장돼 있었다.

"아유, 귀여워라."

"어쩜 좋아, 얘네를."

아파트 주민들은 동우의 관찰 일지와 유리의 카메라와 스마트폰에 담긴 사진과 동영상을 보면서 혀를 찼다. 입가에 살짝살짝 미소를 머금기도 했다.

동우 엄마가 동우의 관찰 일지를 내밀며 선글라스 위원장에게 물었다.

"위원장님, 이거 어떻게 된 겁니까?"

"험, 험. 뭐가 어떻게 됐다는 것이오?"

선글라스 위원장이 관찰 일지를 확 낚아챘다. 그러고는 거세게 한 장 한 장 넘겨 보기 시작했다. 유리의 카메라와 스마트폰도 차례로 선글라스 위원장에게 건네졌다. 털보 사냥꾼 일당은 쭈빗쭈빗 선글라스 위원장 뒤로 가 섰다.

그때였다.

"준모야! 준모 어디 있니?"

누군가 앞으로 달려 나오며 준모를 불렀다. 옹구를 껴안고 있던 준모가 발딱 일어나 소리가 난 쪽을 봤다.

"엄마! 여기요, 여기. 우리 옹구가 있어요!"

"정말이니?"

준모 엄마가 앞으로 뛰쳐나오다 바닥에 쓰러져 있는 옹구를 보고 소스라치게 놀랐다. 한 발짝 한 발짝 조심스럽게 옹구에게 다가가 쭈그려 앉았다. 그러고는 옹구의 굽은 귀를 만져 봤다. 옹구가 눈물이 글썽한 눈으로 준모 엄마를 바라봤다.

"아이고! 우리 옹구 맞네. 우리 옹구 맞아."

"엄마!"

준모와 엄마가 옹구를 덥석 껴안았다. 옹구가 꼬리를 힘겹게 흔들어 댔다. 지켜보고 있던 주민 몇몇이 눈가를 연방 훔쳤다. 제인 아줌마는 이때를 놓치면 안 될 것 같았다.

"위원장님!"

"……."

선글라스 위원장이 선글라스를 코 위로 치켜올렸다.

"허락 없이 함부로 동물에게 총을 쏘는 행위는 명백히 동물보호법 위반이란 걸 명심하십시오. 지금 위원장님은 개인적으로 엽사를 고용해 개들을 위협함은 물론 개에게 총을 쏘아 심각한 부상을 입혔습니다. 이는 엄연한 불법이므로 벌금과 함께 징역형에 처해질 수 있다는 것만 알아주십시오.

"뭐? 지, 징역?"

선글라스 위원장이 안절부절못하며 부르르 떨었다. 털보 사냥꾼 일당은 슬금슬금 꽁무니를 뺐다. 관리 사무소 앞에 모여든 주민들도 웅성대며 허위 사실을 퍼트린 선글라스 위원장을 나무라는 눈초리를 보냈다. 한참을 지켜보고 있던 동우 엄마가 앞으로 나섰다.

"여러분 진정하시고 제 말 좀 들어 보십시오."

"……"

웅성거리던 사람들이 동우 엄마에게 눈길을 돌렸다.

"지금 여러 정황들로 보아 우리가 여태 뭔가 잘못 알고 있었던 게 분명합니다. 늑대 같은 들개들이 아니라 어쩌면 우리 중에 누군가가 버렸을지도 모르는 반려견들이 오갈 데가 없어서 오룡산에서 모여 살고 있었던 것으로 여겨집니다."

"그러네, 뭘."

사람들은 한목소리로 동우 엄마 말에 맞장구를 쳤다. 그러자 선글라스 위원장이 길길이 날뛰며 고래고래 소리를 질렀다.

"저런 들개들이 우리 아파트 주변을 어슬렁거리는 것 자체가 기분 나쁘다 이겁니다. 들개들이 몰려다니고 고양이들이 쓰레기를 헤집고 다니는데 어떻게 우리 아파트가 명품 아파트가 되겠습니까? 내가 반드시 저놈의 들개들을 유해 동물 포획이나 사살 허가를 받아 올 테니 그때 봅시다."

입에 거품을 물던 선글라스 위원장이 발소리를 쿵쿵 내며 관리 사무소 안으로 들어가 버렸다. 동우 엄마가 다시 나섰다.

"저희 자치 위원회가 조금 신중하지 못했던 점을 사과드립니다. 좀 더 알아봐야 할 것 같고요. 우선 여기 총을 맞은 개를 어떻게 하면 좋을까요?"

"저희가 키우던 개이니까 저희가 데리고 가서 치료하겠습니다."

준모 엄마가 퉁퉁 부은 눈을 비비며 말했다.

옆에 있던 제인 아줌마가 고개를 흔들며 말했다.

"준모 어머님 제 말씀 좀 들어 보십시오."

제인 아줌마는 옹구를 당분간 곰베 동물 공원에서 돌보는 게 좋을 것 같다는 의견을 냈다. 그동안 주인과 오래 떨어져 살았고, 오룡산에 옹구를 따르는 옹구 클럽 개들이 있어서 서로가 적응하는 시간이 필요하다는 이유를 들었다. 그리고 버려진 반려견들이 몰려다니는 것을 막기 위해 어떻게든 곰베 동물 공원으로 끌어들여 함께 살겠다고 말했다. 아파트 주민들은 우레와 같은 박수로 제인 아줌마를 응원해 줬다.

아파트 주민들이 하나 둘 자리를 뜨기 시작했다. 동사모 아이들이 대견스럽다며 저마다 머리를 쓰다듬어 주었다. 동우 엄마도 동우가 제법 의젓해 보여 흐뭇한 미소를 머금었다.

제인 아줌마는 서둘러 옹구를 차에 실었다. 일단 동우 아빠의 동물 병원에서 치료를 마친 후 곰베 동물 공원으로 데려가기로 했다. 동사모 아이들도 걱정이 앞서서 자동차에 올라탔다.

동물 병원으로 가는 동안 제인 아줌마가 한 마디 했다.

"**우리 인간도 동물 사회의 일원**이라는 것을 절대 잊어서는 안 된다."

"옛설!"

동사모 아이들은 군인처럼 거수경례를 하며 목청껏 대답했다. 제인 아줌마는 그런 아이들에게 보답이라도 하는 듯 랩을 부르기 시작했다. 즉석 랩이라 약간은 어색한 가사도 있었지만 동물을 사랑하는 마음이 잘 담겨 있어서 큰 감동을 주었다.

[옹구 클럽 숲속 이야기
• 제인 구달 연구소는 동물이 인간과 동등하게 살아갈 수 있는 희망이 됐다.]

옹구의 다리에 난 상처가 점점 아물어갔다.

옹구는 저녁 때만 되면 입을 하늘로 치켜들고는 늑대처럼 울부짖었다. 그나마 "옹구, 옹구!" 하고 짖어서 다행이었다. 제인 아줌마는 옹구가 개들에게 자신이 멀쩡히 살아 있다는 소식을 전하는 거라고 전해 줬다.

준모는 하루도 빠지지 않고 곰베 동물 공원을 다녀갔다. 준모 엄마도 가끔씩 와서 옹구의 상처를 돌보고 갔다. 어느 날 동우가 심각한 얼굴로 말했다.

"선글라스 위원장이 구청 문턱이 닳도록 드나든다고 해요."

"아직도 포기하지 않은 거니?"

제인 아줌마가 물었다.

"아파트 주민들한테는 곧 들개들을 소탕할 수 있는 결정이 날 거라며 떠들고 다닌대요. 엄마도 살다 살다 그런 사람은 처음 봤대요."

"흠! 큰일이구나."

제인 아줌마는 한참을 골똘히 생각에 잠겼다. 그때 준모가 나지막한 목소리로 물었다.

"옹구 클럽 애들이 위험하지 않다는 걸 더 많은 사람에게 알릴 방법이 없을까요?"

"더 많은 사람에게……."

제인 아줌마는 준모의 말 꼬리를 붙들고 몇 번이나 되뇌었다. 여태 떼까우 부리를 어루만지고 놀던 유리가 끼어들었다.

"내가 찍은 사진을 인쇄해서 마구 뿌려 버리면 끝이겠네!"

"사진을 뿌려 버린다……."

제인 아줌마가 이번에도 유리의 말 꼬리를 붙잡았다.

"아! 좋은 생각이 났어요."

동우가 박수를 짝 쳤다. 모두 동우를 바라보며 반가워했다. 꽉 막힌 코가 뻥 뚫릴 만한 해결책이 나왔으면 하고 바랐다.

"구청 홈페이지에 옹구 클럽 이야기를 올리는 거예요."

"홈페이지에?"

"네! 유리가 찍은 사진과 동영상 그리고 내가 기록한 '오룡산 견공 관찰 일지'를 차례대로 올리면 보다 많은 사람들이 옹구 클럽 개들이 위험하지 않다는 것을 알 것 같아요."

"와, 기발한 생각이다!"

유리가 박수를 호들갑스럽게 치며 좋아했다.

"그러면 내가 옹구를 찾은 것처럼 반려견을 데려갈 사람들이 나타날 수도 있겠네?"

준모도 옆에 있던 옹구의 굽은 귀를 만지작거리며 환하게 웃었다.

"오, 잘하면 입양하겠다는 사람들도 나타나겠는걸!

제인 아줌마가 동우에게 손바닥을 들어 보이며 소리쳤다. 준모와 유리도 제인 아줌마와 하이파이브를 했다. 그러고는 지난 번 동우가 말한 "쇳불도 단김에 빼라!"라는 속담처럼 곧장 집 안으로 들어가 컴퓨터 앞에 앉았다.

"여기가 좋겠다!"

제인 아줌마가 '구민의 목소리'를 클릭하며 말했다. 구민이라면 누구라도 자유롭게 글을 올릴 수 있는 공간이었고 제법 많은 글들과 함께 댓글들도 무수히 달려 있었다. 뿐만 아니라 담당 공무

원이 즉각 답변을 달아 주고 있었다.
 동우가 스마트폰으로 구청 홈페이지 어플을 열어 봤다. 어플에서도 가장 눈에 잘 띄는 곳이 '구민의 목소리'였다. 여기라면 충분

히 옹구 클럽 이야기를 많은 사람들에게 알릴 수 있을 것 같았다.

지금까지의 관찰 일지와 사진 그리고 동영상을 열 개로 나누었다. 그 속에는 털보 사냥꾼을 만나는 사건과 옹구가 총에 맞아 잡혀가는 장면 그리고 스카이캐슬 아파트에서 선글라스 위원장에게 맞서는 장면을 구성했다. 제법 호소력이 있었고 무엇보다도 감동이 묻어나는 것 같아 멋져 보였다. 준모는 감동을 자아낸 일등 공신이 자신이라며 으스댔다.

드디어 〈옹구 클럽 숲속 이야기 1〉이 '구민의 목소리'에 올라갔다. 호기심을 불러일으키기 위해 '탕' 하는 총소리와 함께 모자이크 된 털보 사냥꾼이 무언가를 쫓는 장면으로 시작했다. 이어서

용소 너럭바위에서 놀고 있는 옹구 클럽 애들의 모습과 함께 동사모 아이들이 등장하여 관찰을 하고 사진을 찍는 장면으로 마무리했다.

곧바로 댓글들이 달리기 시작했다. 호기심이 잔뜩 묻어 있는 댓글들은 꼬리에 꼬리를 물고 이어졌다. 성격 급한 유리가 당장 2편을 올리자고 아우성이었다. 제인 아줌마는 서두르면 오히려 진정성을 오해 받을 수 있으니 하루에 한 편만 올리자고 얼렀다. 모두들 제인 아줌마의 말에 따르기로 했다. 제인 아줌마는 댓글들을 잘 살펴보고 그에 맞는 2편을 제작하자고 제안했다.

"양동우! 한 건 제대로 했던데?"

현관으로 들어서는 동우를 향해 엄마가 한 마디 했다. 엄마는 선글라스 위원장을 대신해서 임시 위원장직을 맡고 있었다. 선글라스 위원장은 엄마가 배신자라고 고래고래 악을 쓰고 다닌다고 했다.

"엄마도 보셨어요?"

"당연히 봤지! 너희의 의도가 제대로 전달된 기발한 영상이라고 느껴졌어. 아주 잘했다, 아들."

"고마워요, 엄마."

"아들, 그리고 미안해. 아파트 값만 생각하고 불쌍한 동물들을 죽이려 한 속물이 됐던 엄마라 얼굴을 들 수가 없구나."

"아이, 엄마도 참!"

동우는 엄마한테 달려가 꽉 안아 줬다. 엄마를 안을 팔이 조금 짧다는 생각이 들자 엄마가 대신 동우를 꽉 안아 줬다. 곁에서 지켜보고 있던 아빠가 호탕하게 웃으며 말했다.

"우리 집에서도 제인 구달 못지않은 동물 행동학 박사가 나오겠

는걸!"

"이게 다 아빠 덕분이에요. 감사합니다."

동우는 아빠에게 꾸벅 인사를 하고 제 방으로 뛰어 들어갔다. 책상에 앉아 지금까지 뻗쳐오르던 흥분을 조금 가라앉혔다. 생각해 보니 "공부 좀 해!"라는 엄마의 잔소리가 없는 여름 방학을 보내고 있었다. 아빠가 버릇처럼 했던 "세상에는 공부보다 더 소중한 것들이 무수히 많단다!"라는 말처럼 그 소중한 무엇을 알아가고 있는지도 몰랐다.

동우는 미리 〈옹구 클럽 숲속 이야기 2〉를 만들어 놓기로 하였다. 2편에는 곰베 동물 공원에서 마음껏 놀고 있는 동물들과 함께 제인 아줌마의 이야기부터 시작했다. 그 다음은 개들에게 붙여진 이름과 함께 개들을 한 마리 한 마리 가깝게 보여 주었다. 모두 사람들이 키우다 버린 반려견이란 것을 강조했다. 개들만의 고유한 성격과 도구를 이용하는 장면도 담았다.

〈옹구 클럽 숲속 이야기 2〉가 올라가고 난 뒤 두세 시간쯤 지났을 때였다. 유리가 숨찬 목소리로 전화를 걸었다.

"동우야, 대박! 대에박!"

"뭔데 그래?"

"너 놀라지 마. 세상에, 어머머! 세상에, 달마티안 주인이 나타났어. 빨리 '구민의 목소리' 들어가 봐."

성격 급한 유리가 제 말만 하고 전화를 뚝 끊어 버렸다. 아마 잔뜩 상기된 얼굴로 여기저기에 전화를 하고 있을 것이다. 동우는 서둘러 구청 어플을 열고 구민의 목소리로 들어가 봤다.

> 달마티안이 제 '하트뿅뿅'인 것 같습니다. 오룡산으로 캠핑 갔다가 잃어버렸었는데 귀찮아서 찾지 않고 그냥 집에 돌아왔습니다. 늘 죄책감으로 시달렸는데 동사모 친구들 덕분에 제 죄를 사죄할 수 있을 것 같습니다. 어떻게 하면 달마티안을 볼 수가 있나요?

누군가 긴 댓글을 달아 놓았다. 그 사람은 달마티안 발목에 있는 하트 반점을 캡처한 후 달마티안이 자신의 반려견이었다고 고백하고 있었다. 동우는 벌렁거리는 가슴을 진정시키며 제인 아줌마에게 조언을 구했다.

"아줌마, 옹구 클럽 은신처를 알려주는 건 안 되잖아요."

"당연하지. 은신처는 알려드릴 수 없다고 하고 곧 곰베 동물 공원으로 옹구 클럽 개들을 데리고 올 거니까 그때까지만 참아 달라고 써라. 아, 그리고 댓글을 달아 주신 용기에 감사드린다고도 써라. 아 또! 달마티안이 아주 장난끼가 많고 사랑스럽고 정도 많다고 알려 줘라."

"네, 네!"

동우는 제인 아줌마가 말해 준 대로 댓글 아래에 답글을 썼다.

그 뿐만이 아니었다. 뒤를 이어 차우차우 종인 엉금이를 입양하겠다고 나선 사람이 댓글을 달았다. 동우는 엉금이를 키웠던 주인이 나타나지 않으면 입양할 수도 있다는 답글을 달아 줬다.

며칠 뒤 동우는 엄마로부터 선글라스 위원장의 기세가 꺾인 것 같다는 말을 전해 들었다. 순전히 동우가 구민의 목소리에 올린 〈옹구 클럽 숲속 이야기〉 덕분이었다. 9편에 나오는 준모와 옹구가 만나는 장면에서는 구청 홈페이지가 폭발할 정도의 반응이 쏟아졌다. 해결책을 마련하라는 구청장의 목소리까지 얹어졌다.

드디어 구청 담당자의 답글이 올라왔다. 옹구 클럽의 진상 파악을 위해 공무원이 직접 곰베 동물 공원을 방문한다는 내용이었다. 그로부터 얼마 뒤에 공무원이 곰베 동물 공원을 찾아왔다. 동우를 비롯한 준모와 유리도 함께 모였다. 담당 공무원은 유리만큼이나 성격이 급했다.

"옹구 클럽이 어디에 은신해 있는지 알려만 주십시오. 지금 당장이라도 119 동물 구조대를 불러서 구출하도록 하겠습니다."

"구출이라니요?"

제인 아줌마가 의아한 눈초리로 물었다.

"아니, 옹구 클럽 개들이 지금 위험하니까아……."

공무원이 말꼬리를 흐렸다.

"지금 옹구 클럽 애들은 아주 잘 지내고 있습니다. 사냥꾼들의 위험으로부터 벗어난 것만으로도 충분히 안전할 것으로 생각하고 있습니다."

"그래도 그건……."

"부탁이 있습니다. 구민의 목소리를 보셔서 알겠지만 옹구 클럽 개들 대부분이 원래는 반려견이었습니다. 달마티안 같은 경우는 원래 주인이 다시 데려가겠다고 하였고, 엉금이를 입양하겠다는 사람도 나타났습니다."

"그래서요?"

"만일 개들만 괜찮다고 여겨지면 사람들에게 돌려보낼 작정입니다."

"흠."

담당 공무원이 잠시 망설였다.

"그럼, 어떻게 개들을 데리고 올 계획입니까?"

"옹구 클럽의 리더인 옹구가 지금 나머지 개들을 불러 모으고 있는 중입니다. 한 마리 한 마리 우리와 가까워지고 식구처럼 지내게 될 때를 기다려 볼 참입니다. 저희만 믿고 기다려 주시면 고맙겠습니다."

"……."

담당 공무원은 한참을 고민했다. 그리고도 모자라 여기저기 전화 통화를 하고 난 뒤 결정을 내렸다.

"좋습니다. 그럼 6개월의 기한을 두기로 하죠. 그때까지 해결이 되지 않으면 저희에게 옹구 클럽을 맡겨 주셔야 합니다."

"아, 좋습니다."

제인 아줌마도 흔쾌히 약속했다. 공무원은 일일이 악수를 나누며 구청으로 돌아갔다. 제인 아줌마는 뭔가 큰일을 해낸 듯한 얼굴로 동사모 아이들과 일일이 악수를 나누었다. 모두들 비장하면서도 뿌듯한 표정을 지었다.

"얘들아 잠깐만 따라와 볼래?"

제인 아줌마가 동사모 아이들을 집 뒤꼍으로 데리고 갔다. 뒤꼍은 목재를 다듬는 연장과 기계들이 있는 곳이다. 제인 아줌마가 칠 냄새가 가시지 않은 목재 현판 같은 것을 보여 줬다.

동우가 소리 내어 읽었다.

"동사모 동물 연구소."

"이게 뭐예요?"

"뭐긴 뭐니? 써진 글자 그대로이지!"

"네에? 그럼, 우리 동사모가 동물 연구소를 차린다는 거예요?"

유리가 팔짝 뛰며 외쳤다. 제인 아줌마는 흐뭇한 얼굴로 고개를 끄덕였다. 준모는 동우에게서 현판을 건네받고 몇 번이나 쓰다듬었다. 동우는 어안이 벙벙한 얼굴로 제인 아줌마를 바라봤다.

"곰베의 침팬지가 지금처럼 보호를 받으며 살아갈 수 있었던 일등 공신이 바로 '제인 구달 연구소'란다. 제인 구달이 연구소를 차리고 전 세계의 수많은 사람들과 기관이 후원과 응원을 보내 주었기에 가능했다는 뜻이다. 자, 그럼 내가 '동사모 동물 연구소' 현판을 만든 이유를 짐작할 수 있겠지?"

"우리 동사모가 옹구 클럽 개들 뿐만 아니라 오룡산의 동물들을 보호하며 함께 살 수 있기를 바라는 것이죠."

동우가 대뜸 대답했다.

"그래, 바로 맞혔다! 제인 구달 연구소가 동물이 인간과 동등하게 살아갈 수 있는 희망이 된 것처럼 '동사모 동물 연구소'도 오룡산 동물들이 사람들과 동등하게 살아갈 수 있는 희망이 되길 바란다."

"감사합니다!"

아이들이 한목소리로 목청껏 소리쳤다. 제인 아줌마는 아이들을 데리고 현관 옆의 벽으로 갔다. 그러고는 현판을 갖다 대고 못으로 땅땅 박았다. 정식으로 '동사모 동물 연구소'를 열게 된 셈이었다.

유리가 환호성을 지르며 소리쳤다.

"구민의 목소리에도 이 소식을 올리자!"

"와, 그러면 후원자가 엄청 생기는 거 아냐?"

준모와 동우도 박수를 치며 좋아했다. 옆에 있던 제인 아줌마는 한숨을 푹 내쉬며 중얼거렸다.

"에휴, 조용히 동물들과 함께 살아가는 게 꿈이었는데 너희들 때문에 복닥거릴 날들이 많아지겠구나."

"아줌마도 참! 동물들과 함께하는데 뭐가 그리 불만이세요?"

동우가 장난스럽게 제인 아줌마를 째려봤다.

제인 아줌마는 랩을 부를 준비를 했다. 동우가 비트를 넣었다. 제인 아줌마는 래퍼로 변신해 비트에 맞춰 춤을 추었다. 곧이어 제인 구달의 '생명 사랑 10계명'이 랩이 되어 터져 나왔다.

우리의 히어로 곰베의 제인 구달
생명 사랑 십계명으로 동사모의 히어로가 됐지
자 귀를 열고 들어 봐 가슴을 열고 들어 봐
우리는 동물 사회의 일원임을 기뻐해야 해
모든 생명을 존중할 줄 알아야지
마음을 열고 겸손히 동물들에게 배워 봐
아이들이 자연을 아끼고 사랑하도록 가르쳐야 해
그래야 현명한 생명 지킴이가 되지
자연의 소리를 소중히 여기고 보존하자
자연을 해치지 말고 자연으로부터 배워야 해
그래야 우리 믿음에 자신이 생기지
동물과 자연을 위해 일하는 사람들을 도와야 해

우리는 혼자가 아니야 희망을 갖고 사는 거야
자 귀를 열고 들어 봐 가슴을 열고 들어 봐
우리의 히어로 곰베의 제인 구달
생명 사랑 십계명으로 오룡산 지킴이가 돼야 해

 동사모 아이들도 제인 아줌마의 랩을 따라 불렀다. 제인 구달의 생명 사랑 십계명을 다 외우지 못해도 괜찮았다. 뒷말만 붙잡고 강하게 읊조리면 통했다. 저마다의 자리에서 놀고 있던 동물들도 몰려왔다. 마치 제인 아줌마의 노래를 알아듣기라도 하는 양 이리 펄쩍 저리 펄쩍 뛰었다.
 옹구도 앞발을 바짝 세우고 고개를 하늘로 쳐들었다. 그러고는 용소 쪽을 향해 "옹구! 옹구!" 하고 짖었다. 먼 데서 옹구 클럽이 한꺼번에 짖는 소리가 들려왔다.

침팬지를 연구하고 사랑한 제인 구달은 어떤 사람일까?

서울유현초등학교 교사 최섭

1. 제인 구달의 삶과 연구

 루이스 리키를 만나다

  1934년 영국에서 태어난 제인 구달(Jane Goodall)은 어려서부터 학교 다니는 것을 별로 좋아하지 않았어. 딱히 공부를 싫어했던 것은 아니지만 매일 아침 집을 떠나 학교로 가는 것을 힘들어 했고 학교 안에 갇혀서 지내는 것을 불편해 했었지. 구달은 방학 때 학교 밖 자연에서 뛰노는 것을 좋아했고 주말에는 승마를 즐기곤 했지. 구달은 침팬지 연구를 하기 전까지 온실 속 화초처럼 공부만 한 것은 아니었어. 대학교 졸업 후 병원이나 대학교의 사무직으로 있기도 했고 다큐멘터리 영화 제작소나 식당 웨이트리스로 일하기도 했지. 여러 가지 일을 경험하면서도 아프리카에 대한 관심을 놓지 않고 있었지.

  제인 구달은 아프리카의 케냐 농장으로 오라는 친구의 초청을 계기로 스물세 살의 나이에 아프리카 케냐로 가는 배에 오를 수 있었어. 그리고 그곳에서 운좋게도 아프리카에서 초기 인류에 대해서 연구하고 있는 루이스 리키(Louis Leakey) 박사의 비서로 들어가게 됐지. 리키 박사와의 만남을 통해서 '아프리카 동물 행동 연구'라는 구달의 꿈은 더 가까워지게 되었어. 역시 꿈을 이루는 지름길은 자신의 꿈에 가장 가까이 있는 사람을 만나는 일인 것 같아.

  루이스 리키는 케냐 나이로비의 지층에서 28년 동안 화석을 발굴한

끝에 도구를 사용할 줄 아는 화석 인류인 호모 하빌리스를 발견한 유명한 인류학자야. 리키는 인류 기원에 대한 생생한 증거를 찾기 위해서 살아 있는 유인원을 연구할 사람을 모집했어. 그 결과 선정된 연구자가 바로 침팬지를 연구한 제인 구달, 고릴라를 연구한 다이앤 포시(Dian Fossey), 오랑우탄을 연구한 비루테 갈디카스(Birute Galdikas)였고 이 세 명의 학자들을 리키 사단이라고 일컬어.

구달을 옆에 두고 지켜봤던 리키는 구달이 가지고 있는 아프리카에 대한 해박한 지식과 동물을 사랑하는 마음을 높이 샀고 인간과 가장 가까운 유인원인 침팬지 연구를 해 볼 것을 제안했어. 리키는 구달이 좋은 대학교의 학위를 가지고 있는지는 상관하지 않았고 연구에 관련된 지식을 가지고 얼마나 연구에 임하는지를 중요시했던 거야. 침팬지 연구는 한두 달의 짧은 기간에 이루어지기 힘든 연구로 몇 년, 아니 그 이상의 기간이 걸릴 수 있는 프로젝트이기 때문에 성실하고 열정을 가지고 일할 연구자가 필요했던 것이지. 그리고 침팬지는 키가 1.2미터로 초등학교 저학년 학생 정도로 작지만 다 자란 침팬지는 성인 남성보다 세 배나 큰 힘을 가지고 있었어. 그 때문에 연구자에게는 관찰하는 데 따른 위험을 이겨 낼 용기도 필요했지. 제인 구달은 이런 연구를 자신이 하겠다고 거리낌 없이 수락했고 리키는 영국으로 돌아가서 구달을 위한 연구 기금을 마련하기 시작했어.

연구 동반자, 어머니

구달은 영국으로 돌아와 연구를 준비하기 위해 침팬지에 대해 배울 수 있는 모든 것을 학습하기 시작했어. 먼저 런던 동물원의 영상 자료실에서 침팬지를 관찰하는 일을 시작했지. 어느덧 1년이라는 시간이 흐르고 구달에게 건넬 일정의 연구비가 모아졌어. 그리고 당시 영국이 지배하고 있던 탄자니아의 '곰베 강 야생 동물 보호 구역'에서 침팬지 연구를 해도 된다는 영국 정부의 허가를 받을 수 있었지. 하지만 허가에는 조건이 있었어. 아프리카에서 여자 혼자 연구를 하기에는 큰 위험이 따르기 때문에 동행자가 반드시 가야 한다는 것이었어. 그런데 위험한 오지에 누가 기꺼이 가려고 했겠어? 허락을 받기 위해 구달이 구한 동행자는 바로 구달의 어머니였어. 어머니는 기꺼이 딸과 함께 아프리카 오지, 침팬지가 사는 숲에 함께 가 주었지.

어머니도 구달처럼 자연을 좋아하고 아프리카를 사랑하긴 했지만 연구지에 도착해서 많이 고생을 했어. 말라리아에 걸려 열이 40도가 넘은 상태로 일주일 동안 사경을 헤매며 정신 착란을 일으키기도 했고 때때로 독이 있는 지네와 함께 침대에서 아침을 맞이해야 했었지. 하지만 이런 상황에서도 구달의 연구 동반자로서 연구가 안정될 때까지 옆에서 격려해 주고 의지가 되어 주었어. 딸의 연구를 위해서 아프리카에 같이 가 줄 수 있는 부모가 몇이나 있을지 생각해 보면 구달이 세계적인 연구자가 될 수 있었던 데에는 어머니의 기여가 컸다고 할 수 있어.

침팬지 연구를 시작하다

루이스 리키의 지원을 받은 세 명의 여성 과학자들은 서로 정보와 방법을 공유하면서 지금까지 해 오던 남성 과학자들의 연구와는 전혀 다른 방식으로 유인원을 연구했어. 기존의 현장 연구에 적용했던 양적 연구 방식이 아닌 질적 연구 방법을 도입한 거야. 양적 연구와 질적 연구가 뭐냐고? 둘 다 연구를 하는 방식인데, 양적 연구는 연구 결과를 수치화시켜서 가설을 검증하는 방법이야. 이 방법은 연구 대상 하나에 초점 맞추기보다는 많은 대상의 경향을 분석하는 데 쓰이지. 반면에 질적 연구는 한 연구 대상을 질적으로 깊이 관찰하면서 가설을 만들어가는 방법이야.

세 학자는 질적 연구 중에서도 '문화 기술지 연구' 방법을 사용했어. 이 연구 방법은 연구 대상을 깊이 관찰하기 위해 그 문화 공간에 직접 들어가서 관찰하고 연구하는 방법이야. 이 방법을 처음 동물 행동을 관찰하는 데 사용한 학자가 리키 사단의 맏언니인 제인 구달이었어.

1960년 7월 16일, 스물여섯 살의 구달은 드디어 탄자니아 곰베 강 국립 공원에 도착했고, 꿈에 그리던 침팬지 연구를 시작할 수 있게 되었지. 연구하는 첫날 침팬지를 멀리서 잠깐 볼 수는 있었지만 제대로 된 관찰을 하는 것은 너무 힘든 일이었어. 왜냐하면 구달이 500미터 떨어진 거리로 다가가기만 해도 침팬지들은 바로 도망갔거든. 멀리서 관찰한다 하더라도 침팬지가 나뭇잎에 가려져 보는 게 거의 불가능한 상황이었지. 그리고 침팬지는 사람이 다니는 길로 다니지 않고 가시덤불로 덮여 있는 자기들만의 길로 다니기 때문에 구달은 웅크리거나 배로 기어서 침팬지들을 쫓아다녀야만 했어. 그래서 피부가 여기저기 긁히는 것은 기본이고, 여러 전염병을 몰고 다니는 파리에게 항상 피를 빨려 가면서 연구해야만 했지. 또 연구소 주변에서는 표범이 주된 포식자로 살고 있어서 구달이 몇 번씩이나 표범과 맞닥뜨렸고 초식 동물인 들소나 멧돼지들에게도 언제든지 받힐 위험이 도사리고 있었지. 그리고 땅바닥과 나무에는 네 종류의 독사가 포진하고 있었어. 이런 숲에서 침팬지를 관찰했던 구달은 항상 죽음의 문턱에서 연구하는 느낌이었을 거야.

구달은 침팬지를 연구하면서 홀로 첩첩산중에 서 있기도 했는데, 보통 사람이었다면 몇천 년 동안 인류가 사라진 다음 홀로 깨어난 인간이 된 듯한 느낌이 들어 두려웠을 거야. 하지만 구달은 이러한 상황에서 두려움이나 흥분, 놀람이 아닌 단지 고립되었다는 '호기심'을 느꼈대. 인류는 이렇게 죽음과 두려움을 넘어선 호기심을 가지고 있기 때문에 한 걸음씩 진보해 올 수 있었던 것이 아닐까? 탄자니아의 첩첩산중에 홀로 들어간 구달의 한 발이 있었기에 침팬지와 인간에 대해 더 깊이 이해할 수 있게 된 거지.

육식도 하는 침팬지

　침팬지는 지구상에서 인간과 가장 가까운 종이야. 이 사실은 예일 대학교의 찰스 시블리(Charles Sibley)와 존 알퀴스트(Jon Ahlquist)의 DNA 분석을 통해서 밝혀졌지. 침팬지와 인간은 유전적으로 94.4퍼센트가 일치하기 때문에 인간을 '제3세대 침팬지'라고 주장하는 학자들이 있을 정도야. 학자들에 의하면 1500만 년 전에 오랑우탄이 먼저 유인원에서 갈라져 나오고 1000만 년 전에는 고릴라가, 500만 년 전에는 인간과 침팬지가 유인원 가지에서 분화되어 나왔어. 이러한 과정은 먹이를 통해서도 알아볼 수 있어. 원래 유인원의 조상은 과일을 주식으로 먹었는데, 고릴라는 잎도 같이 먹고 침팬지는 고기까지 먹을 수 있도록 진화해 왔지. 실제로 구달은 침팬지들이 멧돼지나 개코원숭이를 잡아먹는 장면을 목격하면서 침팬지가 육식을 한다는 것을 확인했지.

 도구를 사용하는 침팬지

　구달은 매일 새벽 5시 반에 일어나 시야가 탁 트인 산봉우리에서 침팬지들의 위치를 알아내고는 했어. 연구소 주변에서 주로 관찰한 침팬지들은 50여 마리의 무리를 이루고 있었고, 여섯 마리 정도의 작은 무리를 지어 이동했지. 맛있는 열매 주변에 침팬지 무리가 모이면 시끄러워졌기 때문에 구달은 소리가 나는 쪽으로 달려갔지. 하지만 침팬지들은 구달을 극도로 경계했기 때문에 구달은 침팬지 그림자만 볼 수 있었지. 1년이 지났을 무렵 침팬지들은 구달이 위험한 존재가 아니라는 것을 알게 되고 조금씩 경계심을 풀기 시작했어. 90미터 거리까지 접근하는 것을 허락해서 전보다 수월하게 관찰할 수 있었지.

그러던 어느 날 구달은 호기심 많은 수컷 침팬지 한 마리가 구달이 있는 텐트에서 바나나를 훔쳐 가는 장면을 목격했어. 구달은 침팬지를 숨 쉬는 소리가 들릴 만큼 가까이에서 보았다는 사실에 너무 기뻤지. 이 침팬지는 나중에 구달의 손에 있는 바나나를 받아 갈 정도로 경계심을 풀었어. 역시 동물에게 먹을 것을 주면 빨리 친해지는 것 같아. 구달은 그 침팬지에게 데이비드라고 이름을 지어 주고 따라다니며 관찰했어. 데이비드도 구달이 자기를 쫓아다니는 것을 허락한 듯 일상을 보여 줬어. 구달은 침팬지들의 일상을 관찰할 때 정신없이 관찰 일지를 작성했고, 연구소에 돌아와 그날의 기억이 생생할 때 관찰 일지를 정성껏 정리하곤 했어. 나중에는 소형 녹음기로 녹음하면서 침팬지를 관찰할 수 있었고 연구소에 돌아가서 녹음한 내용을 관찰 일지에 기록했지.

어느 날 데이비드는 흰개미 굴 앞에 웅크리고 있었어. 그러다 풀잎 하나를 꺾어 개미굴 속에 집어넣었다 뺐다를 반복하면서 흰개미를 꺼내 먹고 있었지. 구달은 이런 데이비드의 행동을 보고 깜짝 놀랐어. 이때까지 학계에는 인간만이 도구를 사용할 수 있다고 알려져 있었는데 이를 뒤엎고 인간 이외에 동물도 도구를 만들어 사용할 수 있다는 것을 데이비드를 통해서 알게 된 거야. 그리고 이후에는 더 많은 침팬지들이 일상을 제인 구달에게 공개해 주었어. 그 덕분에 침팬지가 여러 가지 도구를 사용할 수 있다는 사실도 알게 되었어. 침팬지들은 물웅덩이에 입이 닿지 않는 경우, 풀잎을 씹어 스펀지처럼 만든 다음에 이것을 물에 적시고 입으로 빨아먹었어. 나뭇잎을 상처가 난 곳에 약으로 바르거나 설사 똥을 닦아 내는 데에 사용하기도 했지.

 감정이 있고 의사소통이 가능한 침팬지

동물도 고통과 슬픔을 느낄까? 동물은 인간과 신체 구조가 달라서 인간의 말을 하지 못할 뿐이지 인간과 똑같이 고통을 느끼고 슬퍼하고 여러 가지 감정을 전달하기 위해서 자신들의 언어로 소통해. 심지어 어떤 고래 중에는 사투리를 사용하고 통역하는 고래가 있대. 침팬지도 인간과 똑같이 기본적인 감정인 행복, 슬픔, 놀람, 화남, 두려움, 역겨움을 느끼고 인간과 비슷하게 행동해. 실제로 침팬지가 의사소통하는 몇몇 방법은 인간과 비슷해. 반가울 때 손을 잡고 껴안고 입 맞추고 매달리고, 상대를 달랠 때는 등을 가볍게 두드려 주지. 또 화가 날 때는 주먹을 날리고 발로 차기도 해. 30가지 이상의 소리를 사용해서 의사소통하기도 하지. 청각 장애인들이 배우는 수화를 300개나 배우는 침팬지도 있었어. 이렇게 감정이 있고 의사소통이 가능하다는 사실만으로도 모든 생물은 인간만큼이나 존중받아야 하지 않을까?

2. 침팬지를 위한 제인 구달의 활동

인간과 마찬가지로 동물도 자신의 터전에서 삶을 살아갈 권리가 있어. 하지만 인간은 종이나 목재를 마련하기 위해서 침팬지가 사는 숲을 무지막지하게 파괴하고 있어. 그 결과 침팬지는 점점 더 작은 집단으로 모여 살 수밖에 없어. 이렇게 된 침팬지 집단은 근친 교배를 할 수밖에 없어서 유전적으로 전염병에 취약해져. 실제로 침팬지 집단이 전염병으로 집단 폐사하는 일이 점점 많아지고 있어.

또 인간은 식용이나 애완용으로 침팬지들을 직접적으로 죽이고 있지. 만약 새끼 침팬지가 애완용으로 팔려 가면 그 침팬지는 어떤 삶을 살게 될까? 새끼 침팬지가 어렸을 때는 인간의 아기처럼 귀여움을 받아. 인간의 아기처럼 그네를 타거나 걸어 다니기에 귀여움을 받는 거지. 하지만 나이가 들어 다섯 살 정도가 되면 성인 남성의 세 배 정도의 힘을 발휘하기 때문에 점점 격리되는데, 이때 주로 의학 실험실에 들어가게 돼. 침팬지는 인간과 유전적으로 가장 가까운 동물이기 때문에 인간과 똑같은 질병에 걸리고 약을 투여했을 때 비슷한 효과를 보이기 때문에 좋은 실험 동물이 되는 것이지. 그런데 인간은 이 과정에서 침팬지가 병 때문에 고통받는 사실을 무시하고 있어. 현재 대부분의 의료 실험 시설에서 침팬지에게 어떠한 존중이나 사랑은 주지 않고 가혹한 약물 실험만 진행하고 있는 것이지. 인간을 위한 실험 동물로 좁은 우리에 갇혀 있는 침팬지는 놀 것도 없고 다친 부위에 대한 치료가 제대로 이루어지지 않은 상태로 마루타로서 약물만 투여받고 있어. 구달은 이러한 의료 시설들을 돌아다니면서 침팬지를 비롯한 동물이 최대한 존중받으며 최소한의 실험이 이루어질 수 있도록 조언하는 활동을 하고 있어.

생물학자인 칼 폰 린네(Carl von Linne)는 "유인원은 이 지구가 자신들을 위해 만들어졌으며 언젠가는 다시 주인이 될 것으로 생각한다."라는 말을 했어. 지금 인류가 세상을 지배하고 있는 상황에서는 우스운 말처럼 들리지만 한편으로는 무서운 말이기도 해. 유인원들에 대한 이야기를 담은 《혹성 탈출》이라는 영화에서는 주인공인 침팬지 시저가 지능 강화 약물을 통해 인간의 지능만큼 높은 IQ를 갖게 되고 인간 세계에서 도망쳐 침팬지 집단의 왕이 되지. 나중에는 말을 타고 총을 쏘면서 인간과 전쟁을 벌이는 섬뜩한 이야기를 다루고 있어.

실제로 구달의 동료 연구자인 갈디카스가 관찰한 결과 오랑우탄도 교육하면 장난감 총을 정확하게 발포할 수 있다고 해. 영화에서처럼 유인원이 총을 쏘면서 인간을 위협하는 상황이 올 수도 있는 것이지. 인간이 지금처럼 지구의 여러 다른 종들과 어울려 살지 못하고 자신이 가지고 있는 힘을 남용한다면 언젠가는 다른 종들에게 보복을 당할 수도 있지 않을까? 이제라도 구달과 함께 유인원을 비롯한 살아 있는 모든 생명을 존중하는 것에 대해 깊이 고민할 필요가 있어.

　동물을 관찰하고 그들을 알게 됨으로써 살아 있는 모든 것을 존중하는 법을 배우게 된다.

《제인 구달 침팬지와 함께한 나의 인생》 중

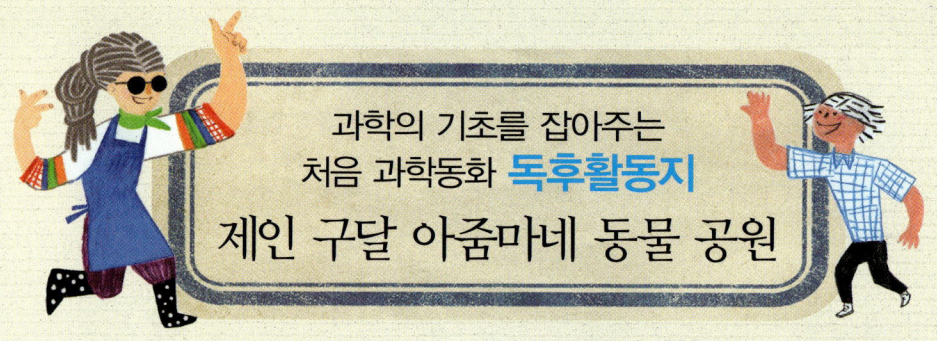

구성 강승임 이을교육연구소 소장

과학의 기초를 잡아주는 처음 과학동화 **독후활동지**,
과학 학습에 어떤 도움이 될까?

〈처음 과학동화〉 시리즈는 과학 분야를 대표하는 위인들이 등장하여 그들이 연구한 과학적 지식을 재미있게 풀어 나가는 형식으로 꾸며져 있습니다. 동화를 재미있게 읽고 나서 독후활동지를 한 문제 한 문제 풀어가다 보면 과학 위인들의 대표 이론을 다시 한 번 되새기고 과학적 탐구심을 충족시킬 수 있을 것입니다. 또한 비판적인 글쓰기를 통해 자신의 생각을 올바르게 표현하는 방법도 익힐 수 있습니다.

〈과학의 기초를 잡아주는 처음 과학동화 독후활동지〉는
이렇게 구성돼요.

I. 과학 기초 지식 쌓기 동화 내용의 이해

동화 각 장의 소제목이기도 한 제인 구달의 교훈을 점검해 보고, 동화 속에서 그 내용이 어떻게 적용되었는지 적어 보면서 과학 기초 지식을 쌓습니다.

II. 과학 창의력 기르기 이해와 비판

동화를 통해 익힌 과학적 지식을 친구들과 토론해 보고 글로 써 보며 생각을 넓히고, 동화 속에서 느낀 점을 자신의 경험과 맞물려 표현하는 능력을 키웁니다.

III. 과학자 연구 - 제인 구달

부록의 내용을 바탕으로 제인 구달의 삶을 이해하고, 제인 구달의 삶에서 오는 교훈이 현대 사회에 어떤 도움이 되는지 적어 보며 논리적 사고를 키웁니다.

학부모 및 교사용 도움말

교과연계	
〈4학년 1학기 국어〉	1. 생각과 느낌을 나누어요 서로 다른 의견을 비교하며 자신의 생각과 느낌을 이야기할 수 있다.
〈5학년 1학기 국어〉	5. 글쓴이의 주장 글쓴이의 주장을 파악하고 찬성하거나 반대하는 글을 쓸 수 있다.
〈3학년 1학기 과학〉	3. 동물의 한살이 다양한 동물의 한살이에 대해 알 수 있다.
〈6학년 1학기 과학〉	1. 과학자처럼 탐구해 볼까요? 탐구 주제를 정하고 가설을 세워 실험을 할 수 있다.

I. 과학 기초 지식 쌓기 동화 내용의 이해

〈교과연계〉
〈3학년 1학기 과학〉
3. 동물의 한살이

《제인 구달 아줌마네 동물 공원》 본문에는 각 장마다 어린이 여러분께 전하고자 하는 제인 구달의 교훈을 소제목으로도 적어 두었어요. 동화 내용을 다시 한 번 떠올려 보며 아래 질문들에 답해 보세요. 적는 동안 자연스럽게 어린이 여러분 마음속에도 과학적 지식이 차곡차곡 쌓일 거예요.

1. 제인 아줌마가 아이들에게 들려준 지렁이와 암탉 이야기는 어떤 내용인가요? 이 이야기에 담긴 의미도 생각해 보세요.

_____
_____
_____
_____
_____
_____

2. 제인 아줌마는 인간이 동물을 학대하고 폭력적으로 대하는 근본적인 이유가 인간의 어떤 태도 때문이라고 말하나요?

_____
_____
_____
_____
_____
_____
_____

교과연계
〈3학년 1학기 과학〉
3. 동물의 한살이

3. 제인 아줌마는 들개를 찾아 나서는 아이들에게 어떤 다짐을 받나요?

___

4. 아이들과 함께 들개 무리를 만난 제인 아줌마는 들개들에게 이름을 붙여 주라고 말합니다. 그 이유는 무엇인가요?

___

5. 곰베의 침팬지들과 오룡산의 들개들이 먹이를 두고 도구를 사용하는 모습을 비교해 보세요.

6. 옹구 무리가 외눈박이 무리의 공격으로 싸움이 붙었을 때, 제인 아줌마가 옹구 무리를 돕지 않은 이유는 무엇인가요?

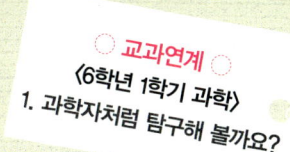

7. 외눈박이가 솜이불을 비롯하여 옹구 들개 무리를 대하는 태도는 어떤가요?

_____
_____
_____
_____
_____
_____
_____

8. 제인 아줌마는 옹구를 곰베 동물 공원으로 데리고 가면서 아이들에게 뭐라고 말하나요?

_____
_____
_____
_____
_____
_____
_____
_____

II. 과학 창의력 기르기 이해와 비판

> 교과연계
> 〈4학년 1학기 국어〉
> 1. 생각과 느낌을 나누어요

앞에서 살펴본 동화 내용을 바탕으로 사고를 확장시켜 볼 거예요. 아래 문제들을 친구들과 함께 토론해 보세요. 나와는 다른 다양한 입장과 해결 방안이 있다는 걸 깨닫게 될 거예요. 또한 동화를 읽고 느낀 점을 자신의 경험과 연결하여 글로 써 보세요. 나를 더 잘 표현할 수 있는 좋은 연습이 될 거예요.

【과학 창의 토론】

1. 들개를 유해 야생 동물로 지정하는 법안에 대해 어떻게 생각하나요? 찬반 입장을 토론해 보세요.

○ 교과연계 ○
〈4학년 1학기 국어〉
1. 생각과 느낌을 나누어요

2. 동물을 인간과 똑같이 대우해야 한다는 주장에 대해 어떻게 생각하나요? 찬반 입장을 토론해 보세요.

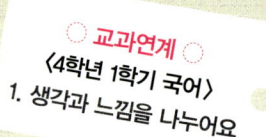

【과학 창의 논술】

1. 주변 동물 중에 하나를 골라 행동을 관찰한 뒤 그 내용을 써 보세요.

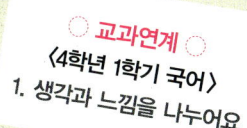

2. 동물의 눈으로 인간을 관찰한 글을 써 보세요. 하루의 일과나 특정 활동 및 행동을 관찰한 일을 상상하여 써 보세요.

III. 과학자 연구 – 제인 구달

> 교과연계
> 〈5학년 1학기 국어〉
> 5. 글쓴이의 주장

동화를 읽고 '제인 구달 아줌마는 어떤 분일까' 하는 궁금증이 생겼나요? 이제 부록에 소개된 제인 구달 아줌마의 삶과 사상을 복습해 볼 거예요. 부록을 꼼꼼히 읽고 문제를 풀어 보세요.

1. 제인 구달이 침팬지를 연구하는 데 루이스 리키 박사와 그녀의 어머니는 각각 어떤 영향을 끼치고 도움을 주었나요?

교과연계
〈5학년 1학기 국어〉
5. 글쓴이의 주장

2. 제인 구달은 어떤 연구 방법으로 침팬지를 연구했나요?

3. 제인 구달이 침팬지를 연구하며 힘들었던 점은 무엇일까요?

4. 제인 구달이 침팬지가 어떤 면에서 인간과 비슷하다는 점을 확인했나요?

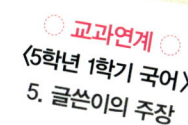

5. 제인 구달은 연구를 마치고 어떤 사회 활동을 하였나요? 제인 구달의 연구 및 사회 활동이 우리에게 전하는 메시지는 무엇일지 생각해 보세요.

학부모 및 교사용 도움말

1. 과학 기초 지식 쌓기 동화 내용의 이해

1. 제인 아줌마는 어렸을 때부터 동물을 좋아해 지렁이를 집에 가지고 올 정도였다. 그런데 지렁이는 마당을 떠나면 죽는다는 어머니의 말에 인간의 친절한 마음이 오히려 동물에게 독이 됨을 알게 된다. 이후 있는 그대로 지켜봐 주게 되었다. 그래서 암탉이 어떻게 알을 낳는지 알기 위해 헛간에 숨어서 알을 낳을 때까지 조용히 기다리기도 하였다. 제인 아줌마의 이야기는 동물을 사랑하는 마음과 그것을 실천하는 진실한 방법을 알려 준다. 동물이 아무리 좋아도 간섭하거나 자기 마음대로 하지 않고 동물을 있는 그대로 지켜봄으로써 진정으로 이해하는 것이 동물을 사랑하는 것이다.

2. 제인 아줌마는 인간의 이기적인 태도가 동물을 학대하고 멸종시킨다고 지적한다. 인간만이 생각하고 말하고 성품이 있다고 여긴 나머지 동물을 이용하는 것을 당연하게 여기는 것이 문제라는 것이다. 많은 사람들이 동물의 행복이나 생명은 생각지 않고 오직 욕심을 채우려고 한다. 침팬지의 서식지를 없애고 어린 침팬지를 잡아 애완용으로 팔기도 하고 의료 실험용으로도 쓰는 것이다.

3. 동우, 준모, 유리는 들개를 구하고 보호하기 위해 들개를 찾아 나서기로 한다. 이에 제인 박사님은 세 아이에게 동물과 만나려는 사람은 인내심을 가져야 한다고 말한다. 세 아이는 이를 명심하고 들개가 나타날 때까지 기다리고 들개가 나타나도 일단 다가가지 않고 몰래 숨어서 보기만 한다. 아직 들개와 친해지지 않았기 때문에 섣불리 다가갔다가는 들개 무리가 은신처를 옮길 수도 있기 때문이다.

4. 이름을 붙여 준다는 것은 관계를 맺고 존중한다는 뜻이다. 이름을 붙여 줌으로써 한낱 들개가 아니라 친구가 되거나 한 식구가 된다는 의미이기 때문이다. 사람으로 말하면 인격체가 같은 동등한 존재가 되는 것이다. 제인 박사님은 들개들에게 이름을 붙여 줌으로써 아이들이 들개들을 인간과 동등한 존재로 존중하고 이해하길 바랐다.

5. 곰베의 침팬지들은 흰개미를 사냥하는 데 기다란 막대기를 사용한다고 한다. 개미굴에 손이 닿지 않을 때는 막대기를 구멍에 넣어 두었다가 달라붙은 흰개미들을 잡아먹는 것이다. 오룡산의 들개들도 막대기를 이용하였다. 족발이 바위틈으로 들어가자 옹구가 막대기를 물고 바

위틈으로 집어넣어 족발을 조금 널찍한 곳으로 옮기고 달마티안이 긴 주둥이로 먹이를 물어서 밖으로 꺼냈다.

6. 옹구 무리가 외눈박이 무리의 공격으로 위험에 빠졌으나 제인 박사님은 동물들의 세력 다툼에 인간이 개입해서는 안 된다는 원칙을 내세우며 간섭하지 않았다. 여기에는 동물에 대한 믿음도 깔려 있다. 동물도 문제가 생기면 논리적이고 이성적으로 해결할 수 있는 능력이 있기 때문에 믿고 지켜보자는 것이다.

7. 외눈박이는 방금 전까지 옹구 무리와 싸웠지만 막상 옹구가 없자 이 무리의 어린 들개들을 돌보기 시작했다. 털을 핥아 주기도 하고 같이 놀아 주기도 하였다. 동물도 인간처럼 동정심이 있는 것이다.

8. 인간도 동물 사회의 일원이라는 사실을 잊지 말라고 말한다. 인간과 동물이 다르지 않기 때문에 동물을 대할 때도 배려하고 존중하며 아껴 주어야 한다는 의미일 것이다. 제인 구달이 연구했던 곰베의 침팬지가 지금처럼 보호를 받으며 살아갈 수 있었던 일등 공신이 바로 '제인 구달 연구소'이다. 그래서 오룡산의 동물도 사람의 보호를 받고 동물과 사람이 동등하게 살아가는 희망이 되기를 바랐던 것이다.

II. 과학 창의력 기르기 이해와 비판

【과학 창의 토론】

1. 들개를 유해 야생 동물로 지정하자는 입장은 들개에 의한 피해를 우려한다. 들개가 숲에 살며 등산객을 위협할 수 있고, 마을로 내려와 쓰레기통을 뒤지거나 지나가는 사람에게 해를 끼칠 수 있다. 또 인간에게 질병을 감염시킬 수 있다. 한편 동물권을 이유로 이 법안을 반대하는 사람들도 있다. 이 법안이 통과되면 들개를 무차별적으로 사냥하고 죽여도 거의 처벌을 받지 않을 것이기 때문이다. 사실 들개는 유기견이 야생에 적응하는 과정에서 변한 것이므로 들개에 대한 책임은 상당 부분 인간에게도 있다. 이를 외면하고 근본적으로 유기견 문제를 해결하지 않은 상황에서 들개만을 벌한다는 것은 동물 학대나 다름없다고 볼 수 있다.

2. 동물을 인간과 똑같이 대우해야 한다는 주장의 근거를 따져보는 토론이다. 이 주장의 대표적인 근거는 동물이 인간과 비슷하다는 것이다. 동물도 인간처럼 생각하고 도구를 사용하며 의

사소통을 할 뿐만 아니라 감정을 느끼기 때문에 인간만이 지구에서 유일하게 우월한 존재라고 말할 수 없고, 그렇다면 동물도 인간과 마찬가지로 인간이 누리는 권리를 누려야 한다고 주장한다. 그 동안 인간이 동물을 함부로 대하고 부려 먹은 이유는 인간이 동물보다 우월하다고 생각했기 때문인데 만약 이것이 사실이 아니라면 동물을 부릴 근거가 없다. 이런 점에서는 동물을 인간과 똑같이 대우해야 한다는 주장은 타당하다. 그러나 동물이 인간과 비슷하다고 해도 분명 차이가 있다. 인간의 사고력이 더 뛰어나고 인간이 사용하는 도구가 더 발달하였다. 따라서 동물이 인간과 비슷하기 때문에 동물을 인간과 똑같이 대해야 한다기보다 여전히 인간이 동물보다 이성적으로 더 뛰어나기 때문에 생명을 존중하는 더 넓은 마음으로 동물을 존중해야 한다고 주장할 수도 있다.

【과학 창의 논술】

1. 제인 구달이 했던 연구 활동처럼 주변 동물의 행동을 관찰한 뒤 써 본다. 동물의 겉모습이나 특징이 아니라 행동을 관찰하는 것임을 유의한다. 집에서 키우는 반려동물을 관찰하거나 집 주변을 날아다니는 새, 거리에서 만난 길고양이, 화단의 곤충 등을 관찰할 수 있다. 생김새가 아니라 행동을 관찰하는 것이기 때문에 시간을 두고 반복되는 행동이 나타나면 무엇을 어떻게 하는지 주의 깊게 본다. 반려동물의 경우, 친근하기 때문에 몇 가지 실험을 할 수도 있다. 평소 가지고 노는 장난감을 숨겼을 때 어떤 행동을 하는지, 처음 보는 물건에 어떤 반응을 하는지, 거울을 보면 어떻게 대응하는지 등을 관찰한 뒤 그 내용을 쓰는 것이다.

2. 동물의 눈으로 인간을 관찰한 글을 써 보면 인간의 행동을 좀 더 객관적이고 공정하게 평가할 수 있을 것이다. 인간 입장에서 당연하게 생각했던 행동이나 일들이 동물 입장에서는 특이하거나 번거로운 일이 될 수도 있고, 반대로 인간에게 무의미한 일이 동물의 눈에는 의미 있는 일일 수 있다. 예를 들어 책을 읽는 행위는 동물 입장에서는 이해하기 어려운 행위일 수 있다. 동물이 되어 인간을 관찰한 일기를 쓴다고 상상하여 써 보도록 한다. 이를 위해 먼저 어떤 관찰자인 동물을 정하고, 다음으로 인간의 어떤 행동을 관찰할 것인지 정한 뒤 써 본다.

III. 과학자 연구 – 제인 구달

1. 제인 구달은 루이스 리키 박사의 비서로 일하며 침팬지 연구의 기회를 얻게 된다. 그녀의 성실함과 아프리카에 대한 해박한 지식, 그리고 동물에 대한 사랑을 높이 사 리키 박사가 직접 제인 구달에게 침팬지 연구를 제안했던 것이다. 제인 구달은 이 제안을 흔쾌히 받아들였다. 이에 리키 박사는 제인 구달의 연구 기금을 마련해 주었다. 그리고 제인 구달의 어머니는 딸의 연구

를 위해 기꺼이 침팬지 숲에 동행해 주었다. 당시 영국 정부는 여성이 아프리카에서 연구를 수행하고자 할 경우 동행자가 있어야 허가해 주었기 때문이다. 제인 구달은 리키 박사와 어머니 덕분에 침팬지 연구를 본격적으로 시작할 수 있었다.

2. 당시 대부분의 과학 연구는 양적 연구 방식으로 이루어졌다. 먼저 가설을 설정한 다음 이에 대한 자료를 많이 수집하여 수치화한 뒤 가설이 옳은지 그른지 검증하는 방식이다. 그러나 제인 구달은 한 연구 대상을 깊이 관찰하면서 가설을 만들어가는 방법인 질적 연구 방식으로 침팬지 연구를 진행하였다. 그녀는 특히 질적 연구 중에서도 문화 기술지 연구 방법을 적용하여 침팬지 무리에 직접 들어가 그들의 행동과 생태를 관찰하였다.

3. 제인 구달은 침팬지가 사는 서식지로 직접 들어가 연구를 진행했기 때문에 많은 어려움과 위험을 겪었다. 처음에는 침팬지를 관찰하는 일조차 쉽지 않았다. 침팬지가 제인 구달을 경계했기 때문이다. 그래서 멀리서 지켜보거나 덤불이 우거진 숲을 기어서 침팬지에게 접근하였다. 숲에서는 언제든 무서운 야생 동물과 전염병의 습격을 받을 수 있었기 때문에 생명의 위협을 느끼기도 했을 것이다. 무엇보다 혼자 연구해야 하는 고립감과 외로움도 컸을 텐데, 제인 구달은 이 모든 것을 연구에 대한 열정과 호기심으로 극복하였다.

4. 팬지는 지구상에서 인간과 가장 가까운 종으로 알려져 있다. 무엇보다 유전적으로 DNA가 94.4퍼센트 일치한다고 한다. 제인 구달은 참여 관찰을 통해 침팬지의 생태 및 행동 또한 인간과 비슷하다는 사실을 발견하였다. 침팬지도 인간처럼 육식을 하고, 도구를 사용하며, 기본적인 감정이 있고 의사소통을 한다는 점이다.

5. 제인 구달은 침팬지 연구를 통해 침팬지의 행동을 이해하고 한 생명으로서 존중하게 되었다. 침팬지에 대한 그녀의 깊은 탐구와 이해는 그들의 권리와 복지에 대한 관심으로 옮겨졌다. 제인 구달은 의료 시설을 돌아다니며 침팬지를 의학 실험에 이용할 때 존중받을 수 있도록 조언하고 동물 실험이나 학대를 비판하는 사회 운동을 하게 되었다. 제인 구달은 사람들이 동물을 무시하거나 인간보다 열등한 존재로 대하는 것을 반성하고 동물에 대한 이해를 바탕으로 모든 생명을 사랑하고 존중하는 마음을 갖기를 바란다.

과학의 기초를 잡아주는 처음 과학동화 ⓯
제인 구달 아줌마네 동물 공원

1판 1쇄 발행 | 2020. 3. 4.
1판 2쇄 발행 | 2020. 6. 29.

김해등 글 | 정진희 그림 | 최섭 감수

발행처 김영사 | 발행인 고세규
편집 김효성 | 디자인 김민혜
등록번호 제 406-2003-036호
등록일자 1979. 5. 17.
주   소 경기도 파주시 문발로 197(우10881)
전   화 마케팅부 031-955-3100 편집부 031-955-3113~20
팩   스 031-955-3111

ⓒ 2020 김해등, 정진희
이 책의 저작권은 저자에게 있습니다. 저자와 출판사의 허락 없이 내용의 일부를
인용하거나 발췌하는 것을 금합니다.

값은 표지에 있습니다.
ISBN 978-89-349-9225-7 74810
ISBN 978-89-349-7119-1 (세트)

좋은 독자가 좋은 책을 만듭니다. 김영사는 독자 여러분의 의견에 항상 귀 기울이고 있습니다.
전자우편 book@gimmyoung.com | 홈페이지 www.gimmyoungjr.com

이 도서의 국립중앙도서관 출판시도서목록(CIP)은 서지정보유통지원시스템
홈페이지(http://seoji.nl.go.kr)와 국가자료공동목록시스템(http://www.nl.go.kr/kolisnet)에서
이용하실 수 있습니다. (CIP제어번호 : CIP2020006039)

어린이제품 안전특별법에 의한 표시사항
제품명 도서 제조년월일 2020년 6월 29일 제조사명 김영사 주소 10881 경기도 파주시 문발로 197
전화번호 031-955-3100 제조국명 대한민국 ⚠주의 책 모서리에 찍히거나 책장에 베이지 않게 조심하세요.